당신 멋져

박인혜 지음

형성사

다시 시작하는 당신 멋져

제 인생 3막이 시작되려 하고 있습니다. 저는 1막에서는 학생운동, 2막에서는 여성운동을 하며 살맛나는 세상을 만들고자 노력하며 한 길을 살아왔습니다. 그리고 돌연 정치라는 3막의 기회가 제게 다가왔고 저는 선택했습니다. 이제 다시 출발선에 서서 서서히 모습을 드러내는 저의 새로운 삶의 길을 바라봅니다. 그 길이 지금은 희미하지만 곧 분명해질 것입니다. 이 길을 여러분과 함께 가고 싶습니다.

이 책은 제가 여성운동하면서 쓴 글들 중에서 칼럼이나 시론, 설교문, 주례사 등을 추린 것입니다. 그래서 주제나 형식이 다양하고, 90년대에 쓴 오래된 글도 많습니다. 그러나 이 글들은 제가 가진 가치나 철학, 관심사, 비전 등을 잘 보여주고 있으며, 그 비전은 제 인생 3막에서도 여전히 지키고자 하는 것입니다. 그런 의미에서 지금도 유효한 글들입니다. 그 비전을 한마디로 표현한 것이 이 책의 제목인 '당신 멋져'입니다.

'당신 멋져'
당당하고, 신나게, 멋지게, 져주며 살자 라는 말의 약자입니다. 제가 속해 있는 단체에서 즐겨 쓰는 구호이기도 하고 술자리에서 건배사로 애용되기도 하는 말입니다. 서로 마주보고 '당신 멋져' 하고 외쳐주면 얼마나 기분이 좋아지는지 모릅니다.

저는 모든 사람들이 당당하게 살 수 있는 사회를 바랍니다. 당당하려면 자기 자신을 사랑해야 하고, 약자나 소수자에 대한 이해와 포용이 필요합니다. 사람들을 굴

욕적이게 만들고 포기하게 하거나 좌절하게 만드는 사회 환경을 개선해야 합니다.

저는 모든 사람들이 신나는 사회가 되었으면 좋겠습니다. 신나게 일하고, 신나게 놀고, 신나게 사랑하고…. 신이 나려면 자기가 좋아하는 일을 스스로, 창의적으로 할 수 있어야 하고 그것에 마땅한 대우를 받아야 하겠지요.

저는 모두가 멋진 사람이 되기를 바랍니다. 내숭을 떨기 보다 꼴값을 떠는 사람들이 많아지면 좋겠습니다. 사람마다 가진 저마다의 '꼴의 가치'가 다 발현되고 인정받는다면 이 세상은 아름다운 사람들, 멋진 사람들로 가득 찰 것입니다. 모든 사람들이 당당하고 신나게 살 수 있는 사회를 만들 수 있는 힘을 가진 사람들은 바로 이 멋진 사람들입니다.

그리고 서로 져주며 사는 사회를 만들고 싶습니다. 무한경쟁사회의 벼랑 끝으로 내몰려 낙오자는 죽음을 강요당하는 사회. 사랑, 돌봄, 나눔, 헌신, 공동체…이런 것들이 우리들의 잃어버린 희망이 아닐까요? 이 희망을 살려낼 방법은 바로 멋진 사람들이 나서서 경쟁을 중지하고 서로 져주는 것입니다. 서로 져주는 것, 이것이야말로 진정한 사랑, 함께 살 수 있는 상생의 지름길이라 생각합니다.

당당하고 신나게 사는 멋진 사람들이 함께 져주며 사는 나라, 함께 만들어 보지 않으실래요?

당신 멋져!

2011. 12. 24 크리스마스 이브에
박인혜

| 차례 |

1장. 내 생애 눈부신 날들
내 생애 가장 눈부신 날들 … 10
당신은 사랑하기 위해 태어난 사람 … 14
리더는 태어나는 것이 아니라 결심하는 것이다 … 20
긴급조치 9호가 준 선물 … 23
여성의 눈, 엄마의 눈 … 27
며느리 보는 소감이 어때요 … 30

2장. 무엇이 여성을 춤추게 만드는가
당신은 행복하기 위해 태어난 사람 … 34
어디론가 훌쩍 떠나고 싶은 여성들을 위하여 … 36
무엇이 여성을 춤추게 만드는가 … 39
나쁜 여자 난설헌 … 41
여성에게도 아내가 필요하다 … 44
그래도 여성을 희망한다 … 46
인간답게 살기 위한 최소한의 조건 … 48
희망을 부풀게 하자 … 50

3장. 살맞나는 인천을 위하여

인천여성의전화를 준비하며	54
인천에서 시작된 현대적 여성운동	56
사랑하는 20세기를 보내며	59
사람이 없다?	62
살맞나는 인천을 위하여	64
인천의 리더 조건과 리더십 형성방안	66
인천여성의 사회참여 아직 멀었다	70
인천시 여성특별위원회를 환영하며	73
경찰 여성청소년계 설치를 환영하며	75
어머니도 학교교육의 주체	77
학교운영위원회에 적극 참여하자	79
못나도, 잘나도 인천시민	81
미인대회 꼭 해야 되나	84

4장. 여성의 정치세력화, 멀고도 험하다

NGO의 시대와 여성	88
정치개혁은 시민들의 손으로	90
민주여성, 민주시민의 실종	92
여성의 정치세력화 멀고도 험하다	95
국가보안법과 서갑숙	97
박정희의 망령과 박근혜	100
검찰의 인사와 개혁을 보는 법	102
우리리더십센터, 여성정치인 육성의 요람되길	104
남편 대신 출마한 아내는 여성의 정치세력화에 무슨 도움을 줄까?	106

5장. 평화롭고 평등한 가정 만드는 디딤돌을 놓으며

부부농사	110
결혼에 대하여	114
평화롭고 평등한 가정 만드는 디딤돌을 놓으며	118
쉬운 이혼은 없다	120
이혼은 사회악인가	122
이혼숙려기간제도, 이혼막지 못한다	125
추석에 생각하는 호주제	129
이 사람의 가족은 누구인가요	133

6장. 폭력, 외면하지 맙시다

폭력, 외면하지 맙시다	136
일상 속에 스며있는 폭력을 직면하자	138
선거운동 현장의 성희롱	140
흡연의 사회적 의미	142
아내들의 성적 자기결정권	144
가정폭력 근절, 문제는 실천이다	147
가정폭력 계속 두고 볼건가	150
학교체벌 절대 안된다	153
학교성폭력추방의 주체는 교사다	155
매춘여성에게도 인권은 있다	157
남성의 성욕, 조절할 수 없는 것인가	160
성매매 권하는 사회	162
남성의 성구매, 없앨 수 있다	164
성 범죄자 신상공개는 필요하며 지속되어야 한다	167
성매매는 사회적 범죄다	169
성매매방지법, 도덕주의인가	172

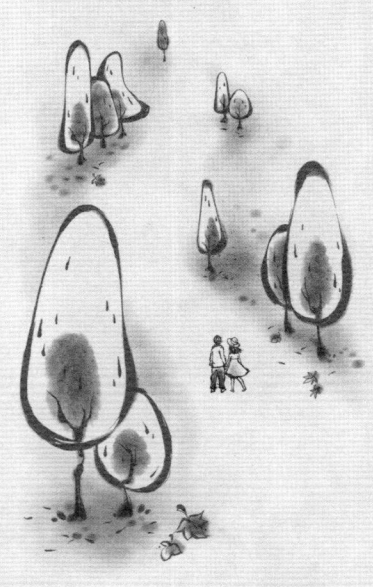

7장. 여성이 당당하고 신나게 일하려면

전업주부의 월급은 누가 주나	176
가정의 달에 생각하는 모성보호	178
가난하고 힘이 없는 인천의 여성들	180
아빠, 뭐해?	184
여성이여, 당당하게 재산권 확보하자	186
일하는 여성들의 인권확립을 위하여	189
남자의 교사진출 누가 막았나	192

8장. 세계의 여성들과 손잡고

남북여성의 만남, 가깝고도 먼 길	196
미국의 여성운동 현장을 다녀와서	199
제4차 동아시아 여성포럼에 다녀와서	220
글로벌 여성리더십을 키우자	204

1장

내 생애 눈부신 날들

내 생애 가장 눈부신 날들

　내 생애 가장 눈부신 날은 내가 마지막 눈을 감는 날이 되었으면 좋겠다. 나는 가끔 그 날을 이렇게 상상한다.

　따뜻한 3월의 아침 햇살이 스며드는 창가, 나는 조용히 침상에 누워 있다. 나를 둘러싼 가족들, 친구들. 그들이 꼬옥 잡아준 손으로 내 사랑하는 사람들의 사랑과 우정이 전해져 온다. 한 잔의 물에 떨어뜨린 잉크 한 방울이 퍼져 가듯이 그 행복이 내 온몸으로 퍼져나간다. 나는 스르르 눈을 감는다. 내 평생이 영화처럼 빠르게 지나간다. 고통, 절망, 환호, 미움, 눈물, 웃음, 슬픔, 기쁨 등이 어우러진 잔잔한 감동을 느낀다. "아, 나는 잘 살았어! 완전한 삶은 아니었지만 내가 생각한대로, 나처럼 살았어. 만족스러워. 편안해." 내 입가에 마지막 미소가 피어오른다. 가족과 친구들의 환송이 봄바람이 되어 나를 하늘로 올려보낸다. 내 묘비에는 이렇게 새겨질 것이다.

"불꽃으로 살아
티끌 남김없이 타올라
이른 봄 고로쇠 수액같은

영혼을 뽑아낸 이"

막내를 낳은 1989년, 내가 서른 두엇 될 무렵이었다. 나는 남편과 함께 사회과학 출판사를 운영하고 있었다. 당시 사회과학 출판사는 출판등록을 하고 진보적인 문화운동을 하는 곳이었다. 맑시즘 같은 진보적인 사상을 소개하는 사회과학 출판사들의 사장들은 국가보안법의 "고무 찬양" 조항에 걸려 책을 낼 때마다 압수, 수색, 구속, 석방을 반복하곤 했다. 1988년이 저물어가던 12월 말, 내가 만삭의 몸으로 교정을 보고 넘긴 책이 그만 제본소에서 모두 압수되고 말았다. 이듬 해 정월, 경찰이 나를 잡으러 들이닥쳤을 때 나는 쌍둥이를 낳고 삼칠일이 안 된 참이었다. 산모인 덕분에 구속은 면했지만 결국 1년 만에 다른 책으로 나는 두 번째로 구속이 되고 말았다.

그리고 석방되기 까지 독방에서의 4개월은 내 인생을 돌아볼 수 있는 시간이 되었다. 아무것으로부터도 방해받지 않고 철저히 나와 독대할 수 있는 조건이 만들어진 것이다. 특히 10년이 좀 넘은 결혼생활에 대해서. 1979년, 나는 23살이란 어린 나이에 31살의 남자와 결혼했다. 학생운동을 하다 징역 1년을 살고 출소한 지 6개월만이었다. 아이 넷(막내는 쌍둥이)을 낳아 키우고, 남편 뒷바라지하고, 대학원도 다니고, 살림도 하고 돈도 벌었다. 10년 동안 정말 많은 일을 했다. 그런데 그 속에 나는 없었다. 그 독방에서의 넉 달 동안 매일매일 나는 지난 10년을 뒤져 나를 찾았다. 그 속에서 만난 나는 어리석은 선택을 하고, 회한에 가슴을 치며, 겁에 질려 두려움에 떨고 있고, 초라하고, 열등감에 허우적거리고 있었다. 그런 나를 만날 때마다 나는 나를 부둥켜 안고 울었다. 책도 읽을 수 없었고, 운동도 할 수 없었고, 면회 온 남편과 눈도 마주칠 수 없었다.

출소한 후 더 이상 눈물은 나오지 않았지만 나는 감정이 없어져 버렸다. 자고 또 잤다. 나는 끝을 알 수 없는 바다 밑으로 가라앉고 있었다. 이제 죽는구나 싶었다. 숨이 막혀 죽고, 가슴이 답답해서 죽고, 감각이 무뎌져서 죽고. 컵이 깨져 손을 베어도 아프지 않았다. 온몸에 상처가 늘어갔다. 결국 디스크가 와서 꼼짝 못하고 누어 석 달을 보냈다. 내 몸뚱아리는 살아 있었지만 내 영혼은 이미 죽어 있었다. 나는 살고 싶었다. 죽은 영혼의 관이 되어 버린 육체마저 썩어질 날을 기다리며 사는 산송장이 되고 싶지 않았다.

"오늘 가도 괜찮을까
마지막 찬 숨을 내쉬어야 할 때

눈부신 밤벚꽃이 아쉬워
늦도록 서성이지나 않을까
사랑하지 못한 그 사람이 그리워
창너머 간 시선을 거두지 못하는 것이 아닐까
아직 아이들은 돌아오지 않았는데
불위의 저녁밥은 이제 막 끓기 시작했는데"

죽는 순간에 이렇게 내 인생을 돌아보며 후회와 아쉬움과 미련에 일그러진 흉한 얼굴을 다른 사람에게 보이고 싶지 않았다. 그럼 어떻게 해야 하지? 그 순간 나는 내 발이 바다 밑바닥을 차고 오름을 느꼈다.

다음날 편지 한 장이 날아왔다. 〈인천여성의전화〉를 만들고자 몇 사람이 뜻을 모았는데 함께 해보자는 사발통문이었다. 모임 날짜는 바로 그 날이었다. 이게 하늘의 전령사가 아니고 무엇이겠는가? 디스크로 움직이지도 못하던 나는 이불을 박차고 벌떡 일어나 모임 장소로 뛰어갔다. 물론 그 날 이후 디스크는 말끔히 나았다.

〈여성의전화〉, 폭력을 당한 여성들이 쉴 곳을 얻고 자신을 찾아 스스로 폭력에서 이겨낼 수 있는 곳, 피해여성만이 아니라 그들을 돕는 여성들도 함께 발전하고 성장하는 곳, 우리 각자가 얼마나 소중하고 무한한 잠재력을 가지고 있는지 알게 해주고 그것을 꽃피울 수 있도록 서로 돕는 곳, 그래서 서로서로 존중하며 받아들이며 북돋아주는 것을 참된 가치로 알고 사는 여성들의 공동체, 그 여성들과 함께 사는 가족들, 동네, 마을이 덩달아 행복해지는 곳.

이런 〈여성의전화〉와 함께 한 지 15년이 되었다. 인천에서 평범한 활동가로 시작해서 지금 전국 조직을 지휘하는 〈한국여성의전화연합〉의 상임대표가 되었다. 그동안 나는 나도 알지 못했던 내가 얼마나 많은가를 알게 되었다. 그 내가 얼마나 아름다운지도 알았다. 그리고 내 안의 내가 충분히 발현된다는 충만감을 느끼며 살 수 있었다. 아, 얼마나 행복하고 눈부신 날들이었는가.

한국가스공사 사보 〈KOGAS〉 (2008. 7)

당신은 사랑하기 위해 태어난 사람

안녕하세요.
저는 75년에 국어국문학과에 입학해서 81년에 졸업한 박인혜입니다.
먼저 이화여대 개교 120주년을 축하합니다.
제가 학교 다닐 때는 90주년 행사를 성대하게 했었죠.
학교에서 주선해서 운동장에서 해군사관학교 생도들과 집단 미팅한 기억이 생생하네요.

대강당의 이 자리에 서니 여러 가지로 감개가 무량합니다.
"내가 젊었을 적에는…"하고 옛날이야기하기 좋아하면 나이든 증거라지요? 하지만 오늘은 안할 수가 없군요. 75년이면 여러분이 태어나기도 전인 호랑이 담배피던 시절입니다. 지금은 4년 만에 졸업하는 것이 뉴스거리가 되지만 그때는 4년 만에 졸업하지 못하는 것이 이상한 일이었죠. 3월에 입학했는데 4월에 박정희 군부독재정권의 마지막 쇠사슬이었던 긴급조치 9호가 발동되었습니다. 5월에 바로 이 채플 시간에 나는 선배들이 긴급조치 반대 시위를 하다가 경찰에 끌려나가는 장면을 목격했습니다. 곧이어 휴교령이 내려지고 8월이 되어서야 수업이 시작되었습니다. 우리의 대학 1학년은 그렇게 시작되었죠.

3학년 때에는 학도호국단 종교부장으로 임명되었습니다. 채플 보조가 역할 중의 하나였죠. 지금도 종교부장이 있나요? 4학년이 되던 5월에 나 역시 긴급조치 9호 철폐를 요구하는 시위를 벌이다가 구속되고 제적되어 1년간의 징역을 살았습니다. 그 후 79년 10·26이 나고 80년에 복학해서 5·18광주민주화항쟁을 겪었습니다. 바로 오늘이네요. 저는 가장 감수성이 예민한 시기에 격동의 한국현대사 한가운데를 살았고 그것이 제 인생의 행로를 결정지었습니다.

그 후 저는 난치병을 얻었습니다.
이런 생일축하곡이 있죠? "왜 태어났니? 왜 태어났니?"
저에겐 절대절명의 질문이었습니다.
마치 답을 얻지 못하면 살 수 없는 것처럼.

내가 얻은 답은 살아봐야 안다는 것이었습니다.
살아보되 그냥 사는 것이 아니라 최선을 다해 내가 어떻게 생긴 사람인지 잠재력과 가능성을 완전히 실현시켜봐야 한다는 것입니다. 그래야 눈감고 죽을 때 "아, 신이 나를 이 땅에 보낸 이유는 이런 것이로구나"하고 깨달으면서 행복한 미소를 지으면서 아름답게 죽을 수 있겠구나 하는 것이었습니다. 어떻게 하면 그런 삶을 살 수 있을까 고민하던 내게 큐피트의 화살처럼 박힌 한마디가 있었습니다.

"진리가 너희를 자유케 하리라"하는 성경구절이었죠.
그 이후로 나는 진리를 찾아 자유로운 인간이 되고 싶다는 난치병을 앓게 되었습니다.

여러분, 초등학교 다닐 때 가훈을 써오라는 숙제가 있었죠? 기억나세요?
내가 초등학교 다닐 때는 그런 숙제는 없었는데 우리 아이들이 초등학교 다닐 때는 그런 숙제가 있더라구요.
"참 별 숙제가 다 있네" 하면서 가훈을 지으려니 아주 어렵더라구요.
나는 아이가 넷이에요. 첫 아이 때 그 숙제를 받아보고 꾀를 내었죠.
"한번에 홈런을 날리자, 한번 지어서 아이 넷에 다 써먹자."

그래서 생각하는데 좀 투자를 했습니다. 내 아이들을 어떤 사람으로 키워야 할까, 그 때 제 난치병의 증세가 악화되었습니다. 제 아이들 역시 자유로운 사람이 되길 바랬죠. 그런데 아이들에게 자유로운 사람이 되기 위해 진리를 쫓아라 하면 이해하기가 어렵잖아요.

그래서 아이들 버전으로 만든 것이 "스스로, 바르게, 다르게"입니다.
저는 이것이 자유로운 인간이 되기 위한 조건이라고 봅니다.

스스로는 자율성입니다.
우리집의 주제가는 재능교육 CM송이었어요.
"자기의 일은 스스로 하자, 알아서 척척척, 스스로 어린이"
절대로 억지로 시키거나 억지로 하지 말자.
스스로 하고자 해서 나오는 열정은 태산도 옮길 수 있지요.

바르게는 무엇이 옳으냐, 정의를 말합니다.
요즘 세대는 무엇이 옳으냐보다 무엇이 좋으냐를 기준으로 행동한다고 하더군요. 그러나 제가 보기에 여러분들은 무엇이 옳으냐와 무엇이 좋으냐를 동시에 추구하는 멀티세대인 것 같습니다. 좋아하는 것을 하되 옳은 방법으로 하자, 아무리 좋아하는 것이라도 옳지 않은 일이면 하지 말자 하는 것입니다.

다르게는 창의성입니다.
여러분, 공부보다는 노는 것이 좋죠? 그런데 노는 것도 나중에는 지겨워집니다. 재미가 있으려면 같은 놀이를 하더라도 매번 다른 방식으로 해야죠. 남들 하는 대로 생각없이 따라하는 것은 남이 나를 지배하도록 내어주는 것이지요.

저는 지금 한국여성의전화연합 상임대표를 맡고 있습니다.
보통 여성의전화라고 합니다. 1983년에 창립되었고 지금은 전국 26개 지역에 지부가 활동하고 있습니다. 가정폭력, 성폭력, 성매매같은 여성에 대한 폭력을 없애고, 성평등과 여성의 임파워먼트를 추구하는 여성인권운동단체입니다. 우리 운동의 핵심은 '폭력을 없애자'는 것입니다.

비폭력 평화학자인 요한 갈퉁은 폭력을 이렇게 설명하고 있습니다.
"사회구성원과 그들의 관계의 잠재능력과 실제 상태 사이의 차이를 증대시키거나 그 차이의 감소를 어렵게 만드는 물리적 또는 제도적 영향력." 어렵네요.
한마디로 상대를 조정, 통제해서 개인의 능력을 장기적으로 소멸시키는 영향력, 권력관계라는 말입니다. 제가 여성의전화운동을 하는 이유는 바로 폭력이 인간의 자유를 소멸시키는 원흉이기 때문입니다. 동시에 사회의 불평등을 촉진하는 권력의 표현이기 때문입니다. 누구든지 물리적으로 뿐만 아니라 정신적으로나, 정서적으로 자신의 자유를 억압당한다면 그것은 폭력입니다. 교육받을 기회나 일할 기회를 박탈당하여 발전이나 성장을 방해받는다면 폭력을 당하고 있는 것입니다. 관습이나 통념, 편견, 차별의식에 의해 스스로를 통제한다면 그 역시 폭력입니다.

〈여성인권운동은 사랑입니다〉
이것은 여성의전화의 슬로건입니다.
누구든지 자신의 자유와 자신의 행복만 추구한다면 오늘 본문말씀대로 "자유를 육신을 위한 구실로 삼는 것"이 되겠지요.
그것은 반쪽의 자유입니다. 온전한 자유가 되려면 가족과 이웃, 내가 살고 있는 공동체와 사회의 자유까지 추구해야 합니다.
여러분은 고통받고 있는 사람 옆에서 행복할 수 있나요?
굶주린 사람 앞에서 맛있게 먹을 수 있나요?
피흘리며 죽어가는 사람을 보며 웃을 수 있나요?
이런 일이 내게는 보이지 않는다고 해서 존재하지 않나요?

사랑은 자유를 추구하는 에너지, 원동력입니다.
나의 잠재력을 일깨우고 성장시키는 성장판입니다.
다른 사람이 당하는 억압과 폭력을 보고 분노하고 공감하는 능력입니다.
보이지 않는 억압과 폭력까지도 볼 수 있는 투시력입니다.
그리고 그 사람에게 손을 내밀 수 있는 용기입니다.

자유로운 인간이 되기 위해서는 사랑이란 힘이 필요하다는 결론이 났습니다. 노래 하나 더 소개할까요?

오늘 제가 노래를 많이 부르네요.
"당신은 사랑받기 위해 태어난 사람"
이 노래를 이렇게 개사하면 어떨까요?
"당신은 사랑하기 위해 태어난 사람"

오늘의 성경 본문을 다시 읽는 것으로 제 이야기를 마치겠습니다.
"여러분은 자유롭게 되라고 부르심을 받았습니다. 다만 그 자유를 육을 위하는 구실로 삼지 마십시오. 오히려 사랑으로 서로 섬기십시오(갈 5:13)."

이화여대 채플 설교문 (2006. 5. 18)

리더는 태어나는 것이 아니라
결심하는 것이다

　이화여고 시절 나는 '소녀선교회' 활동을 열심히 했다. 2학년 여름방학, 우리는 강화도의 한 교회에서 여름성경학교를 주관하게 되었다. 그곳은 농촌마을이라 젊은이가 없어 교회학교를 운영하기 어려웠던 것이다. 그때 나는 총무였고, 회장은 윤귀남이었다(우리의 인연은 '소녀선교회'에서 시작되었다. 대학 4년을 함께 다녔고 귀남이의 아버지께서 내 결혼 주례를 해주셨으며 인천 남동구에서 우연히 다시 만나 여성의전화에서 함께 활동하였다).

　학교에서는 봉사활동에 필요한 재정과 물품만 지원해주고 활동준비와 진행에는 일절 간섭하지 않고 완전히 우리들 학생의 힘으로 하게 했다. 나는 큰 행사의 총무를 맡아 일하는 것이 너무 신이 났고 내 능력이 십분 발휘되는 것 같아 정신없이 일을 진행하였다. 새벽부터 밤늦게까지 여름성경학교를 진행하고 마을에 나가 봉사활동도 하고 2-30여명이 먹을 밥도 짓다 보니 1주일은 번개처럼 지나갔다.

　마지막 날 우리는 시골교회 마루바닥에 둘러앉아 평가시간을 가졌다. 우리의 지도목사님이셨던 최화병 목사님은 한사람 앞에 한권씩 공책을 나눠주시고 표지에 각자 자기의 이름을 써넣게 하셨다. 그리고 그 공책을 옆사람에게 차례로 돌려가면서 공책주인에 대한 활동평가를 하게 하셨다. 시간이 흘러 내 이름이

쓰인 공책이 다시 내게 돌아왔다. 나는 기대에 넘친 마음으로 표지를 열었다.

중간까지 읽어가다가 나는 더 이상 읽을 수가 없었다. 나는 당연히 친구나 1학년 후배들이 열심히 일한 내게 칭찬의 말을 써주었을 것이라고 기대했었다. 그러나 열심히 일하기는 했으나 총무니까 당연하다, 너 혼자 다해라, 후배들에게 관심이 없다, 잘난 척 한다 등의 부정적인 평가가 대부분이었다. 나는 불쾌한 충격 때문에 그 자리가 어떻게 끝났는지 알 수 없었다.

봉사활동이 끝나고 2학기 내내 나는 공책평가의 후유증에 시달렸다. 소녀선교회 회원들과 눈을 마주치기 어려웠다. 그런 평가방식을 택한 최화병 목사님이 무척 미웠다(덕분에 목사님은 내가 확실하게 기억하는 선생님 성함이 되었다!). 나는 내가 무엇을 잘못했는지 곱씹어 생각했다. 시간이 흐르고 나서야 나는 그런 평가를 하게 된 친구들의 마음을 헤아리게 되었다. 나는 함께 하고 싶은 친구들의 마음을 몰랐던 것이다. 나만 열심히 하면 되는 줄 알았다. 아무리 좋은 일도 함께 해야 빛나는 것이며 사람이 빠진 일은 인간을 도구화시킬 뿐이라는 것을 깨닫게 되었다.

그러나 그 뿐이었다. 1993년 여성의전화를 시작하기 전까지 나는 이 일을 까맣게 잊고 살았다. 인천여성의전화 사무국장을 하면서 나는 다른 활동가들과 계속되는 갈등에 시달렸다. 그들의 불만은 내가 사무국장으로서 자신들의 어려움이 무엇인지 관심 갖지 않으며 일이나 정보도 나누지 않는다는 것이었다.

나는 퍼뜩 이화여고 시절의 기억이 났다. 야, 이건 내 고질병이구나, 이걸 못 고치면 나는 여성운동하기 어렵겠구나 하는 생각이 나를 한대 갈겼다. 마침 어느 책에서 "리더는 태어나는 것이 아니라 리더가 되겠다고 결심하는 것이다"라는 글귀를 읽었다. 좋다, 결심하자! 그때부터 나는 리더십에 관한 책은 닥치는 대로 읽었다. '여성주의상담'은 나 자신을 상담하고 성장시킬 수 있는 좋은 도구가 되었다. 나를 알아나가는 여정은 참으로 신나는 일이었다. 급기야는 누군가가 나의 잘못을 지적하면 잘못을 고칠 기회를 준 그 사람이 진정 고마운 신기한 경험도 하였다. 그리고 여성을 키우는 것, 여성을 힘있게(empowerment) 해주는 것, 그 여성들을 위해 징검다리가 되어주는 것을 여성운동가로서의 나의 사명으로 받아들이게 되었다.

나는 지금 한국여성의전화연합의 상임대표로 활동하고 있다. 내가 지금의 역할을 할 수 있도록 나를 성장시킨 동력의 근원에는 바로 이화여고, 그중에서도 학생들의 자율성을 최대한 존중해준 써클활동이었다고 생각한다.

이화여고 졸업 30주년 기념 문집 (2005)

'긴급조치 9호'가 준 선물

1975년 내가 대학에 들어갔을 때 국가가 내게 준 일생일대의 선물은 '긴급조치 9호'였다. 나는 '긴급조치 9호'가 내 인생에 미칠 영향과 의미를 짐작도 못한 채 대학생활을 시작하였다. 채플이 열릴 때마다 선배들이 뛰어나와 구호를 외치고 끌려나가는 일이 반복되고 휴교령까지 내렸지만 나는 갓 시작한 대학생활이 즐겁기만 했었다. 그러나 그 행복과 '긴급조치 9호'는 전속력으로 마주보고 질주하다가 정면으로 나와 충돌하고야 말았는데 바로 1978년 5월 4일이었다.

1977년 9월 나는 학도호국단 종교부장으로 임명되었다. 그때 나는 막 학생운동을 하려고 결심한 터여서 임명을 거부하였으나 곧 생각을 바꾸었다. 당시 이화여대의 학생회는 형식은 학교호국단 체제로 바뀌었지만 내용에 있어서는 학생회 시절의 자율성이 거의 그대로 유지되고 있었다. 나는 이 점을 활용하기로 했다. 나는 종교부 사업으로 세미나모임을 만들어 공부를 하는 한편(이 모임은 기독학생회로 발전하였다) 지하에 잠적해있던 써클들과 만나는 통로로 활용하였다.

그러던 중 1978년 새학기가 되자 대학가는 심상치 않게 술렁이기 시작했다. 그동안 조심스럽게 만나오던 우리들은 무언가 해야한다는 역사적 직감을 공유하고 의논하던 중 '4.19기념 학술대토론회'라는 형식을 빌어 합법성을 가진 공개적인 반정부 비판을 하자는데 합의하였다. 지하써클들은 정치, 경제 각 분야의 주제를 정하여 발제와 토론을 하고 학도호국단은 주최자로서 재정과 조직, 홍보를 맡았다. 나는 문예부장과 생활부장을 설득하여 함께 주최 부서가 되기로 결의하였다.

학술대토론회가 열리던 문리대 대강의실은 여러 대학에서 온 남녀학생들로 입추의 여지가 없이 들어찼고(약 500여명) '긴급조치 9호' 발동 이후 처음 열린 공개집회라는 감동에 모두 얼굴이 붉게 상기되어 있었다. 특히 우리 국문과 친구들은 북과 꽹과리 등을 동원하여 신나게 응원해 주었다(나는 그 전날 과 친구들에게 내일 행사 이후 나는 구속될지도 모른다고 귀띔을 해주었기 때문에 친구들은 더욱 열심히 나를 향해 북을 두들겨댔다). 주제발표자와 토론자들은 숨어서 세미나 하면서 나누었던 정부규탄 이야기들을 '학술'이라는 미명하에 거침없이 쏟아내었다. 학술대토론회는 대성공이었고 다행히 나는 연행되지는 않았다. 그러나 덕분에 나는 그날부터 안기부의 시찰대상이 되었고 주임교수님의 골칫덩어리가 되었다. 나중에 들으니 안기부에서는 갑자기 나타난 '박인혜'라는 인물에 대한 정보가 없어서 애를 먹었다고 한다.

토론회 후 우리는 토론회로 학내분위기가 성숙되었다고 평가하고 내쳐서 대대적인 교내시위를 하기로 하였다. 4학년인 최정순, 김광희 등과 역할분담을 하고 시위를 준비하였다. 나는 늦게 배운 학생운동이니(나는 1,2학년 때는 열심히 대학의 낭만을 즐기고 3학년 봄에 운동을 시작했다) 남보다 열심히 해야 한다는 사명감으로 행동대로 자처하였고, 광희는 후배들을 맡고, 정순은 1차 시위 후의 뒤처리와 2차 시위를 맡기로 하였다. 나는 유인물을 제작하고 각 써클에 나누어 주어 교내 요소요소에 유인물을 배포하게 하였다. 그리고 나는 구속될 각오를 하지만 정순이는 끝까지 도피하여 훗날을 도모하기로 하고 내가 잡히면 모든 책임을 정순이에게 미루기로 하였다.

1차 시위를 맡은 나는 다시 문화부장, 생활부장과 의논하여 동일방직 여공들에 대한 분뇨세례를 규탄하고 '긴급조치 9호'의 철폐를 요구하는 시국성명서를 제작하였다. 내용은 만들었으나 유인물을 만드는 것이 문제였다. 그러자 생활부장이 자신이 다니는 봉천동성당에 가서 유인물을 만들자고 아이디어를 내었다. 우리는 밤에 성당에서 만나기로 하고 헤어졌다. 저녁에 성당으로 가려고 집을 나서는데 이대 담당 안기부 요원이 만나자는 전화가 왔다. 나는 우리 일이 들통난 줄 알고 앞이 캄캄해졌으나 일단 부딪혀보기로 했다. 다행히 단지 나를 파악하기 위한 단순한 정보수집활동이었다. 그와 헤어진 나는 그 길로 봉천동성당으로 가서 밤새 등사판을 밀었다.

다음날 이른 아침 유인물 뭉치를 힘겹게 들고 성당문을 나서다가 장덕필 주임신부님에게 들키고 말았다. 신부님은 아무 말씀도 않고 유인물 뭉치를 대신 들어다가 버스에 올려주셨다. 신부님의 표정은 마침 퍼져오르던 따스한 아침 햇살처럼 따뜻했다. 우리가 구속되고 성당의 등사판은 증거물로 압수되었고 신부님은 증인이 되어야만 했다. 그때도 신부님은 당당하게 "내가 성당과 등사판을 빌려주었다"고 하셨다. 그 증언이 아니었다면 우리에게는 주거침입죄가 추가되었을 것이다.

5월 4일, 채플이 열리기 앞서 우리는 대강당 화장실로 가서 후배들을 만나 유인물을 나누어 주고 이내 학교를 빠져나왔다. 갑자기 갈 곳이 없었다. 나는 도망을 간답시고 부산 해운대에 가서 하루를 잤다. 그러나 다음 날 아침 고립감에 너무도 막막하여 집으로 돌아오고 말았다. 그리고 5월 8일, 어버이날, 일요일 아침 온식구가 함께 아침을 먹고 있는데 검은 양복의 사내들이 들이닥쳤다. 들어서는 모양이 저승사자 같았다.

서대문서에 가니 이미 잡혀온 이대 학생 30여명이 북적이고 있었다. 4일 현장에서 잡힌 후배들부터 시작하여 내가 제일 마지막에 잡힌 것이다. 그래도 후배들이 4일을 견뎌주었구나 생각하니 눈물이 났다. 미처 자리도 잡기 전에 나를 담당한 안기부 요원이 헐레벌떡 달려왔다. "아니 네가 이럴 수가 있어?"하고 그는 외쳤다. 나도 속으로 "내가 뭘?"하고 외쳤다. 그는 나를 만나고 나서 별로 주의할 인물이 아니라고 판단하고 그렇게 보고했다는 것이다. 그 일로 그는 파면이 되었다고 한다.

조사를 받으면서 나는 약속대로 정순에게 모든 책임을 미루었다. 그런데 며칠 후 정순과 김안나가 잡혀왔다. 황급히 사실은 우리가 함께 했노라고 번복했지만 허사였다. 그래서 정순에게는 '교사죄'가 더 붙었다. 재판이 시작되고 우리는 정순이의 교사죄를 벗기기 위해 안간힘을 썼으나 아무도 우리 말에 귀기울여주지 않았다. 사실 1차에 잡혀온 우리들은 모두 여리여리하고 순진하게 생겼으나 정순이는 덩치가 좀 있고 경상도 사투리에 한눈에 봐도 투사같이 생겼기 때문에 아무도 우리 말을 믿지 않는 눈치였다. 방청석에 있던 가족들조차 정순이의 교사죄를 확신하는 눈치였다. 정순이는 분통이 터져 씩씩거렸다. 결국 항소심에서 우리에게는 1년이 언도되었으나 정순이는 1년 6개월의 형을 받았다. 그러나 11개월 후 형집행정지로 나올 때는 같이 나왔다.

당시 서대문 구치소 여사에는 우리 외에도 서울여대 김숙임, 숙대 석원정, 고대 이애자 등 20여명이 있었다. 밤마다 '통방'을 하면서 쌓은 우정은 지금도 변치 않고 있다. 바로 '긴급조치 9호'가 준 선물이었다.

긴급조치9호 철폐투쟁 30주년 기념문집 『30년만에 다시 부르는 노래』(2005)

여성의 눈, 엄마의 눈

우리 집 쌍둥이 막둥이들이 초등학교 입학하게 되자 큰 문제가 생겼다. 아직도 한글을 깨우치지 못했기 때문이었다. 형들은 자연스럽게 글씨를 터득하고 학교에 가서도 받아쓰기 정도는 문제가 없었다. 그러나 막둥이들은 유치원에서 1년을 공부했는데도 겨우 제 이름자나 쓰는 것이었다. 그러나 숫자에는 뛰어나 심심하면 숫자세기를 하고 놀 정도였고 0이나 무한의 개념에 대해서도 이해를 하고 있었다. 또 어휘구사력도 뛰어나고 의사표현도 분명하게 했다. 아이들의 지적 능력에는 문제가 없다고 판단한 나는 고민 끝에 기다려 주기로 하고 가족회의를 열어 막둥이들이 한글을 하루 빨리 깨우칠 수 있도록 온 가족이 도와주되 절대로 글씨를 모른다고 윽박지르거나 다그치지 말고 격려해줄 것을 부탁했다.

걱정이 되는 것은 학교였다. 요즘은 학부형들의 열성으로 모두 한글을 깨우쳐서 입학한다는데 선생님들이 우리와 같은 마음으로 기다려 줄까 의문이었다. 아니나 다를까 우리 아이들은 곧장 문제아이로 부상하였다. 나는 아이들의 개성이 발전할 수 있도록 서로 다른 반에 넣었는데 쌍둥이 중 아우의 담임선생님은 "그렇게 좀 뒤지는 아이가 있다. 그러나 성격이 좋고 똑똑하다."며 오히려 수업시간에 부추겨주고 심부름도 시키고 하여 그 놈은 신이 나서 학교에 다녔다. 그러나 형의 담임선생님은 우리 아이로 해서 완벽한 수업진행이 어려운 것을 힘들어 하셨다. 그래서 아이를 심하게 닦달하였다. 매일 매를 맞고 왔다. 아이는 의기소침해지고 주눅이 들어 글씨가 조금만 비뚤어져도 선생님께 혼난다고 울곤 했다.

　나는 조금만 느긋하게 기다려주면 곧 스스로 배우게 될 텐데 어른들이 세워 논 계획과 목표에 미치지 못한다고 성취감보다는 좌절과 열등감을 먼저 맛보게 될 아이가 불쌍해서 견딜 수가 없었다. 아이큐가 아주 낮지 않고는 글씨 정도는 시간의 차이는 있지만 누구든지 배울 수 있는 것이다. 어른들이 할 일이란 이 아이가 글씨조차 깨우치기 어려운 저능아인지 아니면 단지 그 부분의 발달이 좀 늦는 것인지를 판단하여 이 아이에게 맞는 학습방법을 찾아내고 아이가 낙심하여 용기를 잃지 않도록 격려해 주는 것이 아닐까. 학교란 이런 것들을 체계화하고 전문화한 곳이 아닌가. 학교란 앞서가는 사람보다도 뒤처지는 사람에게 더 필요한 곳이 아닐까.

　다행히 우리 식구들이 내 취지를 잘 이해하여 학교에서 주눅 들어 돌아온 아이들은 용기와 사랑을 재충전할 수 있었다. 처음에는 심한 열등감에 학교가기 싫어하던 녀석들이 "선생님은 내가 얼마나 훌륭한 사람인지 아직 모르시는 것 같아. 할 수 없지. 선생님이 아실 때까지 내가 기다려야지 뭐."하게 되었다.

　나도 용기가 필요했다. 가까운 사람들조차 나를 자식을 제대로 돌보지 않은 무자격 엄마 취급을 하여 때론 내가 틀린 것은 아닐까 조바심이 나서 아이에게 화를 내기도 했다. 그러나 아이 넷을 키우면서 배운 것은 같은 부모 밑에 난 자식들도 서로 다르다는 것이었다.

　사람들은 익숙한 것을 곧 좋은 것, 옳은 것이라고 생각하고 다른 것은 나쁜 것, 틀린 것이라고 단정 짓는 경향이 있다. 그러나 사람들은 서로 다르다. 이 세상에 똑같은 사람은 하나도 없다. 그리고 서로 다른 것이 조화를 이룰 수 있는 것은 기다림이란 덕 때문이다. 상대의 다름이 익숙해질 때까지 기다리는 것이다.

기다림이란 오랫동안 여성적인 것이었다. 여성에게만 기다릴 것이 요구되었고 남성들은 기다릴 필요가 없었다. 기다린다는 것은 수동적이며 무능한 것으로 간주되었다. 그러나 이제 기다림이 필요한 때가 되었다. 지구가 한 지붕 안에 들어왔으며 조금이라도 다르지 않으면 경쟁에서 이길 수 없는 다원화 시대가 되었다.

여성들은 수천년의 세월을 기다려 왔다. 기다림이란 여성들에게는 아주 익숙한 것이다. 여성의 눈으로 보면 기다림은 다른 것을 포용하고 조화시킬 수 있는 지름길인 셈이다. "여성의 눈으로 세계를 보라(Look at the World Through Women's Eyes)" 곧 북경에서 열리는 '세계여성대회'의 슬로건이다.

인천경실련 〈시민신문〉 (95. 8. 26)

며느리보는 소감이 어때요?

큰 아들이 결혼한다고 말하면 거의 모두 이렇게 묻는다.
"며느리보는 소감이 어때요?"
아주 소수는 "며느리 예쁘죠?"

내 소감? 난 소감을 생각해본 적이 없다.
며느리가 예뻐 죽겠다는 감정도 없다.
그냥 덤덤하다.
이 느낌은 뭘까?

아직 아들이 결혼한다는 게 실감나지 않나?
뭔 소리, 청첩장까지 다 돌려놓고...
며느리가 생긴다기 보다 그냥 자식이 하나 더 는다는 기분이다.
내겐 아들만 넷인데 하나 더 는다고 해서 달라지는 건 없으니까.

솔직히 말하면 약간 우울하다.
시엄마가 되서가 아니라

힘든 결혼의 길로 들어선 또 하나의 여성 동지 때문에

26세의 며느리감을 보고 있노라면
그 나이의 내 모습이 겹쳐진다.
난 23살에 결혼해서 26세에 둘째를 임신하고 있었다.
만약 지금 아는 것을 그때도 알았더라면
난 절대로 결혼을 선택하지 않았을 것이다.

내 아들을 잘 키운다고 했지만
역시 가부장적인 한국 가족제도에서 자유로울 수 없는 한국 남성임에는 틀림없다.
내 아들 편이 되지 못하고 그렇다고 며느리 편인 것도 아니고
며느리에게서 내 옛 모습을 보는 이방인의 느낌이라고 할까

blog.daum.net/yesimhappy (2009. 1)

2장

무엇이 여성을 춤추게 만드는가

당신은 행복하기 위해 태어난 사람

　요즘 우리 사회 여기저기서 인간관계의 어려움을 호소하는 경우가 많아졌다. 여성의전화 활동가들이 겪는 가장 큰 고통 역시 갈등문제로 조사된 바 있다. 나도 여성의전화에서 활동하면서 사람들과의 관계가 너무 힘들어 그만 둘까 생각한 적도 여러 번이고, 심지어는 병까지 나서 한 달간의 병가를 낸 적도 있었다. 그러나 그런 장애를 무사히(?) 극복하고 상임대표라는 중임까지 맡게 되었다. 그리고 지금 나는 행복하다. 다른 사람들 뿐만 아니라 나 자신과도 평화로운 관계를 맺고 있기 때문이다.

　갈등은 대개 소통이 안되서 일어난다. 처음에 나는 갈등의 원인이 타인에게 있다고 생각했었다. 시간이 좀 지나서야 내 자신에 대해서 내가 너무 모르고 있는 것이 원인이라는 것을 알게 되었다. 내 자신에 대해서 너무 몰랐기 때문에 나는 불안하고, 자신이 없고, 눈치보고, 경계하고, 공격하고, 과잉방어하느라고 타인과 소통할 수 없었던 것이다. 그래서 나의 욕구, 감정, 느낌, 생각, 능력, 강점 등을 알기 위해 많은 시간을 보냈다.

　나에 대해 알게 되고 자신감과 자기존중감이 생기자 나는 나 자신을 솔직하게 있는 그대로 보여줄 수 있게 되었다. 타인과 교류하는 첫걸음은 상대방이 나를 이해할 수 있도록 나에 대한 정보를 최대한 많이 주는 것이다. 내 것은 감추고 타인의 것만 캐내려 하면 결국은 서로에 대해서 얻는 것이 없게 된다. 얼마 전 어떤 책에서 네트워킹을 잘 하고 있는 여성 CEO에 대한 이야기를 읽은 적이 있다. 그의 비법은 도움을 얻기 위해 사람을 만나는 것이 아니라, 어떤 사람이든지 처음 만나면 상대가 자신에게서 얻을 수 있는 것을 분명하게 알려주는 것이라고 한다. 그러면 언젠가는 상대방에게서 연락이 온다는 것이다.

그러나 사람들은 대개 자기를 잘 보여주려 하지 않았다. 내가 아무리 나를 표현해도 상대방에게 전달되지 않을 때가 많았고, 선의를 곡해하는 경우도 많았다. 나는 상대방도 나처럼 자신에 대해 잘 모르기 때문이라고 생각하고 상대방에 대해서 알려고 노력했다. 아니 그가 알아들을 수 있는 표현을 하기 위해 연구했다고 해야 할 것이다. 알려고 노력하다 보니 사랑하게 되고 사랑하게 되니 상대방은 자기의 껍질을 벗고 자신을 보여주었다.

사람 몸의 혈관이 막히면 그 사람은 죽음에 이른다. 사람 사이가 소통되지 않으면 역시 사람들이 죽게 된다. 나를 알고, 남을 알고, 나의 언어로 나를 표현하고 동시에 남의 언어로도 나를 표현할 수 있는 것, 이것이 나의 소통방법이다. 이렇게 되기까지는 시간도 많이 걸리고 성과도 쉽게 보이지 않는다. 그래서 진짜 노하우는 인내다.

나를 알면 나와 평화로운 관계를 맺게 되고, 남을 알면 그 사람과도 평화로운 관계를 맺게 된다. 행복이란 내게 걱정이 없다, 문제가 없다, 부족한 것이 없다, 불만이 없다는 뜻이 아니라 오히려 나의 걱정이 무엇인지, 문제가 무엇인지, 부족한 것이 무엇인지, 불만이 무엇인지를 정확하게 아는 것이 바로 행복의 시작이다. 나만이 아니라 당신도 역시 행복하기 위해 태어난 사람임을 믿으시라!.

부천여성의전화 회보 〈젠더프리〉 35호 (2007. 5)

어디론가 훌쩍 가고 싶은 여성들을 위하여

연말이 되니 '속절없이 나이만 한 살 더 먹었구나'하는 생각에 마음에 우울해진다. 빛 바랜 희망, 끝없는 책임, 가지 않은 길에 대한 발작적인 그리움, 현실을 벗어나 어디론가 떠나고 싶은 욕망. 심사를 달래려고 오지여행가 한비야의 책을 들었다가 같은 시대를 살아온 여성의 따뜻한 위로와 재 속의 불씨 같은 희망을 만났다.

한비야는 이렇게 말한다. "나는 긴 여행을 하면서 '이 나이에'라는 강박관념에서 상당히 자유로워졌다. 세상에는 각자 자기만의 속도와 진도로 짜여진 주관적인 시간표가 있다는 것을 깨달았기 때문이다. 자기가 어디로 가고 있는지 목표가 있다면, 그리고 자기가 바른 길로 들어섰다는 확신만 있다면, 남들이 뛰어가든 날아가든 자신이 택한 길을 따라 한 발 한 발 앞으로 나아가면 되는 것이다. 중요한 것은 어느 나이에 시작했느냐가 아니라, 시작한 일을 끝까지 꾸준히 했느냐는 것이다."

청춘이란 인생의 어느 기간이 아니라 마음가짐을 말한다.
장밋빛 볼, 붉은 입술, 나긋나긋한 무릎이 아니라
씩씩한 의지, 풍부한 상상력, 불타오르는 정열을 가리킨다.

인생이라는 깊은 샘의 신선함을 이르는 말이다.

청춘이란 두려움을 물리치는 용기,
안이함을 선호하는 마음을 뿌리치는 모험심을 의미한다.
때로는 20세 청년보다는 60세 인간에게 청춘이 있다.
나이를 더해 가는 것만으로 사람은 늙지 않는다.

(중략)

영감이 끊기고, 영혼이 비난의 눈으로 덮이며
비탄의 얼음에 갇힐 때
20대라도 인간은 늙지만,
머리는 높이 치켜들고 희망의 물결을 붙잡는 한,
80세라도 인간은 청춘으로 남는다.

-사무엘 울만 〈청춘〉-

희망은 바로 나 자신이다. "좌절은 다름 아닌 자기를 믿지 못해서 희망이 없어진 상태이다. 그것이 좌절의 정체라면 떨쳐버리기는 쉽지 않은가. (아프가니스탄 난민촌의) 이 아이들처럼 스스로 희망을 버리지만 않는다면, 그리고 그렇게 노력하는 자신을 사랑한다면 좌절이란 없는 것일 테니까"라고 한비야는 말한다.

겨울이 시작되고 있다. 모든 생명이 다시 살기 위해 죽는 계절에, 모든 여성들로부터 "아름다움, 희망, 격려, 용기, 힘의 영감"을 받으며, 머리를 높이 치켜들고 희망인 나를 찾으러 미지의 여행을 떠나자.

인천여성의전화 회보 〈물꼬〉 68호 (2001. 12)

무엇이 여성을 춤추게 만드는가

　우리 사회는 결혼을 인륜지대사라 하여 결혼이라는 제도 속에 소속되지 않은 사람은 남자, 여자를 막론하고 아직 덜된 사람으로 치부하여 왔다. 특히 여성은 아들을 낳아야 하는 과정이 더 있었고 그런 여성을 부르는 존칭이 어머니와 아주머니인 것이다. 어느 때부터인가 아주머니를 줄여 부른 아줌마라는 호칭이 중년여성을 비하하여 부르는 말로 쓰이기 시작했다. 비좁은 전철에서 펑퍼짐한 엉덩이를 들이밀어 앉고야 마는 아줌마(이 내용은 대중가요 가사로까지 각색되었다)와 행락철이면 어김없이 뉴스에 등장하는 정신없이 춤추고 노는 관광지의 아줌마들의 이미지가 그것이다.
　어머니와 아줌마는 같은 여성을 부르는 다른 이름이다. 얼마 전 나는 관광버스에 탈 기회가 있었다. 관광버스에서는 출발하면서부터 돌아올 때까지 좁은 통로에서 춤추는 경우가 많다. 그러나 버스가 집에 도착하자마자 저녁식사 걱정에 언제 그랬느냐는 듯이 황급히 현모양처의 자리로 돌아가는 그런 여성들을 보면서 처음에는 지나치다는 생각이 들었지만 점차로 무엇이 이 여성들로 하여금 이렇게 춤추게 만드는가에 관심을 갖게 되었다. 이 열정과 힘은 어디서 나오는 것일까?
　결론부터 말하면 우리 사회가 억압해온 여성들의 에너지이다. 여성은 자기 생각이나 감정, 욕구보다 가족의 그것을 먼저 생각해야 하고 심지어는 자기 그 자체를 죽여야만 한다는 사회적 메시지에 눌려 내면 깊숙이 농축된 여성들의 에너지인 것이다. 역설적이게도 사회적 메시지를 상징하는 것이 어머니라는 이름이다. 이 메시지에 순응하는 여성들은 어머니이지만 그 여성들이 발산하는 부정적인 것은 아줌마인 것이다.

여성들에 대한 이런 이중적 이미지는 이미 역사적으로 정착된 것이다. 예수의 어머니이며 구원과 순결의 상징인 마리아와 창녀 마리아가 그것이다. 페미니스트 저널 'if' 여름호가 조사한 바에 의하면 재미있게도 여성들이 기억하는 어머니는 아줌마이지만 남성들이 기억하는 어머니는 한결같이 성녀 마리아이다. 여성들은 사회적 억압 속에서 왜곡되었던 어머니를 미워하고 싸울 수밖에 없었지만 결국은 그것이 내 모습임을 깨닫고 어머니와 화해하고 사랑하게 되었다고 고백하고 있다. 반면에 남성들은 자신들이 여성에 대해서 만들어낸 가공의 이미지에 지배당하고 있었다.

그 동안 여성들은 어머니와 아줌마로 분열된 삶을 살아왔다. 내면에서 소리쳐 반항하는 또 하나의 나 때문에 괴로워하며 비틀거리는 삶은 버려야 했다. 이제 어머니와 아줌마를 합일하고 자아를 통합하여 살아야 한다. 5천년 동안 억눌려 온 여성들의 집단 무의식, 그것은바로 인간과 사회, 자연과 역사를 역동적으로 변화시킬 에너지이다.

인천여성의전화 회보 〈물꼬〉 44호 (1999. 8)

'나쁜 여자' 난설헌

　허난설헌 축제가 오는 7월 10-11일 강릉에서 열린다. 작년에 이어 두 번째 열리는 축제다. 난설헌을 재조명하는 심포지움, 난설헌의 시로 만든 노래공연과 모노 드라마, 백일장, 경포대 해변거닐기 등의 프로그램이 진행될 예정이다.
　원래 강릉에서는 '허균·허난설헌 선양사업회'에서 매년 9월 다례제와 시낭송회 등의 문화행사를 개최해왔고 허난설헌 시집도 발행 보급하고 있었다. 그러나 행사가 아무래도 허균 중심으로 되고 허난설헌에 대해서는 제대로 드러내지 못하는 것을 안타까이 여기고 있던 중 한국여성의전화연합과 강릉여성의전화가 허난설헌을 기리는 독자적인 축제를 시작하게 된 것이다.
　난설헌은 현대 여성들에게 묘한 매력을 준다. 난설헌에 대해서는 잘 모르더라도 시 한두편 읽거나 강릉의 생가 툇마루에 앉아 하늘을 올려다 보노라면 누구나 자신도 모르게 난설헌의 매력에 흠뻑 빠져들게 된다. 그 이유는 아마도 허난설헌 전기를 쓴 김신명숙님이 주장하듯이 "허난설헌은 조선조 최고의 페미니스트"이며 "전체 조선 여성 중 가장 빛나는 독자적인 성취를 이룬 인물"이기 때문일 것이다.
　"새로운 시대는 새로운 여성을 요구하고 그것은 새로운 여성상을 통해 구현된다. 그런 의미에서 20세기가 신사임당의 시대였다면 여성의 세기라는 21세기는 허난설헌의 시대가 될 것이라고 자신있게 말할 수 있다. 신사임당은 현모양처의 전형이고 황진이는 기생의 전형이다. 신사임당과 황진이는 남자들이 만들어 놓은 두개의 여성상, 성녀와 창녀의 이미지를 대변하고 있다. 진짜 그들의 삶이 어떠했는지 상관없이. 신사임당같은 아내와 황진이같은 애인을 꿈꾸는 남자들에 의해 이 두 여성은 영원한 생명을 얻었다.

그러나 오늘날 허난설헌에게 주어진 이름은 없다. 지금도 여전히 신사임당은 '착한 여자'이고 황진이는 '멋진 여자'이지만 허난설헌은 여전히 '나쁜 여자'이다. 현모양처도 아니고 쾌락의 대상도 아닌, 남자들과 똑같은 주체성과 욕망을 가진 욕망을 가진 한 인간으로 살고자 했던 난설헌은 사후 4백년이 지나도록 정당한 제 자리를 찾지 못한 채 구석에 버려져 있다." 난설헌의 고향인 강릉에서조차 최근까지 난설헌을 입에 올리는 것은 불온한 행동으로 여겨져 왔던 것이다.

난설헌의 시(詩)가 저항의 무기였듯이 여성의전화가 난설헌 축제를 여는 것은 가부장제에 대해 저항하는 여성주의 축제를 만들어보고자 함이다. 여성의전화는 난설헌을 통해 여성운동, 여성주의가 이루고자 하는 여성상을 보여주고자 한다.

가난한 여인의 노래[1]

용모인들 남에게 빠지나
바느질 길쌈도 잘하고
어려서 가난한 집에서 자니
중매장이 알아주지 않아요

밤깊도록 쉬지않고 길쌈하니
삐걱삐걱 베틀소리 차게 울리네
베틀 속에 한 필 비단 감겨졌으니
어느 누구의 옷으로 짓게 될까요

쉬지 않고 손으로 가위질하니
추운 밤 열손가락 시려오네요
남을 위해 시집갈 옷 짓지만
나는 해마다 홀로 잡니다

우먼타임즈 (2004. 6)

---

1) 난설헌 시선, 장정룡역, 허균·허난설헌 선양사업회, 1999

여성에게도 아내가 필요하다

　노력은 성공의 어머니라고 한다. 개천에서 용 난다고 한다. 그러나 여성들은 이 말이 남의 말처럼 느껴질 때가 많다. 어려운 조건 속에서도 성공하는 여성이 과연 얼마나 될까? 어려움 속에서도 화려하게 성공하여 매스컴의 조명 속에 웃고 있는 여성들을 보면, 나도 열심히 해서 성공해야지 하고 마음을 다지기 보다는 열악한 자신의 현실에 더 주눅이 들게 된다.
　우리는 누구나 노력만 하면 성공할 수 있다고 배웠다. 여성들이 성공하지 못하는 이유는 직업의식과 프로정신이 부족해서 그런 것이며 노력하기 보다는 적당히 하다가 시집이나 갈 생각을 하기 때문이라고 지적받아 왔다. 그렇다면 우리 사회는 누구에게나 특히 여성들에게 공정한 조건을 만들어주고 있는가. 남성과 여성이 대등하게 일할 수 있는 조건이라기 보다는 오히려 여성의 희생과 봉사의 바탕 위에서만 남성이 치열한 경쟁과 최고 다툼을 해낼 수 있는 구조라고 해야 한다. 따라서 여성도 성공하려면 누군가의 희생과 봉사가 필요하다. 여성들의 성공 자서전을 보면 대개 남편의 재력이나 명예, 사랑과 외조, 혹은 친정식구들의 절대적인 도움이 있었음을 간파할 수 있다. 이런 도움을 받을 수 없는 여성은 버는 돈을 모두 이런 도움을 줄 수 있는 사람에게 주고 일을 할 수 밖에 없다. 아니면 더 잘할 수 있는 능력은 있지만 포기해야만 한다.

사회적인 불평등에 주목했던 마르크스도 여성이 '남성과 함께' 싸워 평등한 사회를 만들면 평등이라는 전리품을 나눠가질 수 있다고 하였다. 그러나 여성은 전리품의 주인이 아니라 남성에게서 얻어 갖는 수혜자임이 이미 입증되었다. 남성이 도와주지 않으면 성공할 수 없게 되는 것이다. 실제로 성공한 여성들이 '명예남자'가 되는 경우가 많다. 남성의 힘을 활용하려면 남성의 힘의 논리를 따라야 하기 때문에 여성보다는 남성과 가깝게 되는 것이다. 그렇다면 여성들의 진정한 성공은 무엇일까? 여성도 성공하려면 누군가의 희생과 봉사가 필요하다.

인천여성의전화 회보 〈물꼬〉 33호 (1998. 6)

그래도 여성을 희망한다

여성운동을 둘러싼 상황이 어려워지고 있다. 외부적 조건만이 아니라 내부적 조건에서도 예전과 같은 운동이 가능하지 않게 되었다. 그래서 우리들은 묻는다. 여성운동이 계속될 수 있을까? 그러나 나는 이렇게 물어야 한다고 생각한다. 여성운동이 앞으로도 필요할까? 이 질문에 대한 힌트는 여성운동이 여성들을 선택한 것이 아니라 여성운동이 여성들의 선택을 받아야 한다는 것이다.

우리 사회가 꿈과 희망을 잃었다고 한다. 초등학교 학생조차 꿈이 무어냐고 물으면 공부 잘하고 돈 잘 버는 거라고 한단다. 현재의 나쁜 상황보다도 좋아질 수 있다는 희망이 사라졌다는 사실에 더욱 절망하는 것 같다. 가까운 우리 역사를 되돌아보면 지금보다 더 어렵다고 볼 수 있었던 때가 많이 있었다. 그런데도 견딜 수 있었던 것은 좋아질 거라는 희망과 믿음 때문이었고 여성운동을 포함한 시민사회운동은 그 불씨를 꺼지지 않게 했던 힘이었다. 그런데 요즘은 정부에 대해서는 말할 것도 없고 사회운동에 대해서도 그 이유가 무엇이든 간에 기대와 신뢰를 많이 상실한 것 같다.

일단 이것을 인정하고 난 다음 묻는다. 어떻게 하면 여성들의 삶의 가치와 희망을 되살려낼 수 있을까? 이것이 2009년을 맞이하는 여성의전화와 여성운동가로서의 나의 화두다. 희망이 무엇이냐가 아니라 어떻게 만들 것이냐에 더 관심 갖고 있다. 전 국민이 공유할 희망도 필요하지만 피부에 닿는 나의 희망을 나의 이웃, 그리고 여성들과 함께 만들어가는 과정이 중요하다. 희망을 만드는 데 있어 가장 중요한 것은 사람이다. 먼저 여성들 속에서 희망을 부풀어 오르게 하는 효소(이스트)가 필요한데 그것이 여성운동가이다. 다음은 이 효소들을 여성이란 반죽 속에 넣어 여성들을 주체화, 정치화시킨다. "행동하고 세상을 변화시킬 수 있는 창의적인 인간의 역량"을 키우고 "내 안에 세상을 변화시킬 힘이 있다는 것을 깨닫고 행동하게 하는 것"이다(발레리 밀러 외). 이는 여성주의 교육을 통해 가능하다. 기존 지식을 여성주의로 재해석하고 여성의 경험을 드러내고 여성의 눈으로 세상을 볼 수 있게 하는 것이다. 내 안의 힘을 깨닫는 여성들이 늘어날수록 여성들의 희망은 온 세상에 가득 차게 될 것이다.

여성신문 1013호 (2009. 1. 2)

인간답게 살 수 있는 최소한의 조건

우리 사회의 권위주의가 무너지고 억압이 사라지면서 자유와 권리, 다양성 등이 중요한 가치로 대두되었다. 그러자 온갖 주장들이 권리, 인권이라는 이름으로 돌출하고 있다. '권(權)'이란 단어는 어느 말에다 갖다 붙여도 그럴듯한 권리로 둔갑하게 만드는 마술의 단어가 되었다. 기득권을 지키기 위한 행동을 인권이란 말로 그럴듯하게 포장하여 무엇이 인권이고 무엇이 기득권인지 혼란스러울 때가 많다.

인권은 인간답게 살 수 있는 최소한의 조건을 말한다. 최소한의 조건이란 소수자, 피해자, 약자를 기준으로 하는 것이다. 몇 가지 예를 들어보자. 폭력가해자의 인권이라는 말은 폭력피해자의 인권과 동등하게 취급되어 가해자에게 면죄부를 주는 역할을 한다. 성매매알선업자들에게도 분명 생존권이 있지만 자신의 생계를 위해 다른 여성을 성매매를 해도 좋다는 것은 아니다.

얼마 전 이슈가 되었던 '장애인 보행권' '장애인 이동권'이 있다. 이것은 장애인을 정상인처럼 걷게 해주자는 것이 아니라 장애인을 기준으로 하여 거리, 교통 환경을 만들자는 것이다. 장애인이 이동하는데 아무 문제가 없다면 정상인은 당연히 문제가 없다. 그러나 정상인을 기준으로 한다면 모든 장애인에게 문제가 된다. 단 한사람의 장애학생을 위하여 학교 시설 전체를 개조한 학교도 있었다.

양성평등이란 익숙해진 용어에도 함정이 있다. 양성이란 여성과 남성이란 두가지 성만 이르는 말로 인간은 여성과 남성으로 이루어져 있다는 의미를 내포한다. 이런 개념에 의하면 동성애자는 소수자이며 인간이 아닌 것으로 배제됨을 의미한다.

'다수결의 원칙'은 민주주의의 대원칙이다. 진정한 민주주의는 다수결의 의견을 따르되 소수의 의견을 버리지 않고 소수의 관점에서 다수 의견을 재해석할 수 있어야 가능해진다. 소수는 틀린 것이 아니다. 다만 다른 의견일 뿐이다.

피해자의 관점에서 인권을 보아야 한다는 생각은 특히, 여성폭력피해자를 지원하면서 깨닫게 된 것이다. 여성폭력 피해자들은 자신을 방어하고 변호하고 입증할 사회적, 개인적 자원을 갖지 못한 경우가 많다. 가진 자원이라고는 자신이 당한 폭력의 경험이 전부다. 이들을 제3자의 입장에서 본다면 이해되지 않는 부분이 많다. "왜 맞고만 있었지? 도망가면 되지" "스무살이나 된 여자가 왜 호텔에 따라갔지?" 어린 의붓딸을 지속적으로 성폭력한 의붓아버지가 무죄판결을 받자 손가락을 잘라 재판부에 항의했던 친어머니의 심정은 피해자의 입장이 아니면 이해할 수 없는 것이다. 성매매 여성을 피해자라고 하는 이유가 여기에 있다. 물론 똑같은 상황에 놓인 여성이 모두 성매매를 하는 것은 아니다. 자발적인 측면이 있다. 그러나 그 상황에서 성매매를 선택하지 않는 여성보다 선택할 수 밖에 없었던 여성들의 입장에서 보자는 것이다.

모든 정상인이 장애인의 입장에서, 권력을 가진 사람이 피해자나 약자의 입장에서 사물을 바라보는 것, 그것이 인권의식이며 그 사회의 성숙도를 보여주는 것이다. 인권은 고정되어 있는 것이 아니다. 인권이란 안경이 없으면 볼 수 없는 사람들이 우리 사회에는 아직도 많다. 11월 25일부터 세계여성폭력추방주간이 시작된다. 소수자, 피해자, 약자라는 인권안경을 쓰고 예민하고 성찰적으로 인권에 대해서 생각해 보자.   우먼타임스 (2004. 11)

희망을 부풀게 하자

한 해가 저물어가고 있습니다. 그리고 대통령 선거가 기다리고 있습니다. 겉으로 보기에는 정치에 대한 무관심, 냉담한 분위기가 팽배합니다. 술판에서는 정치 이야기가 사라졌다고도 합니다. 사람들은 정치를 통해 희망을 얻는 일을 포기한 것 같습니다. 그러나 두꺼운 빙하 밑에서 우리 사회가 요동치고 있는 것을 저는 느낍니다. 산이 바다가 되고 바다가 산이 되는, 이 한바탕 요동의 결과가 어떻게 될 지 가늠해보느라 마음이 바쁘고 무겁습니다. 그러나 어떻게 희망의 끈을 놓을 수 있겠습니까?

저는 이렇게 생각합니다. 언제부턴가 우리는 먹고 살기 위해서든 민주사회를 만들기 위해서든 긴급한 것을 먼저 하면서 우리에게 정말 중요한 것을 놓치고 살아왔다고 말입니다. 인문학 교육을 주창한 얼 쇼리스는 필요성의 법칙에 따라 사는 이런 상황이 바로 무력이요 폭력이라 했습니다. 우리가 정치적 폭압에서는 벗어났을지 모르지만, 우리는 여전히 삶의 전방위에서 포위해 들어오는 무력에 굴복한 채 의미를 잃어버린 삶을 살고 있다는 것입니다.

우리가 놓친 것들은 삶을 지탱하고 풍성하게 만드는 철학, 잘못을 벌할 뿐만 아니라 상처를 입은 사람과 공동체에 대한 치유, 무엇이 우리의 가치인지를 끊임없이 되묻는 성찰, 서로 도우며 자신의 존재의미를 느끼며 살아가는 것, 이런 것들이 아닐까요? 저는 이 놓친 것들 속에 희망이 있고, 이 놓친 것들을 되살리는 것이 바로 희망이라고 생각합니다. 지금까지는 어쩔 수 없이 긴급한 것부터 했다 하더라도 이제부터는 중요한 것부터 하지 않으면 안된다고 생각합니다.

대선 공약 중에 희망이라는 단어가 난무하지만 대개는 신기루같은 거짓 희망이라는 것을 우리는 잘 압니다. 어찌보면 정치나 경제는 이런 것을 감당하기 어려울 지도 모르겠습니다. 시민사회운동도 진보적 대안을 만드는 데 실패했다고 말합니다. 종교의 역할이라 치부할 수도 없습니다. 저는 역시 진보적 시민사회운동이 이 중대한 일을 준비해야 한다고 생각합니다. 아니 준비하지 않으면 안된다고 생각합니다. 시민사회는 우리 사회가 부패하지 않도록 하기 위해 작동하는 마중물, 소금과 빛, 인프라입니다. 그래서 앞으로의 시민사회운동의 사명은 바로 이 시민사회가 성장하고 성숙해지게 하는 것이어야만 합니다.

이 인프라를 보수, 유지, 확대하기 위해서는 다음의 몇 가지를 꼭 해야 합니다. 첫째 긴급한 것보다 중요한 것을 먼저 할 수 있는 인력을 양성하는 것입니다. 둘째, 필요성에 부합한 사업이 아니라 의미와 가치를 만드는 사업을 해야 합니다. 셋째, 정부와 기업, 사회가 나서서 마중물이 마르지 않도록 투자해야 합니다. 저는 여성재단이 이런 가치 지향을 분명히 앞세우고 모금에 크게 성공하게 되면 좋겠습니다. 희망을 배분하는 재단이 되면 좋겠습니다.

한국여성재단 회보 〈딸들에게 희망을〉 (2007. 12)

3장

살맛나는 인천을 위하여

'인천여성의전화'를 준비하며

　인천에 여성의전화가 생긴다고 하니까 남자들의 첫 반응은 "맞고 사는 남자가 더 많은데"하는 것이었다. 실제 아내에게 맞는 남편도 있겠지만 이 말의 진의는 조롱이다. "나는 남자로서 여자에게 해 줄 것을 다해주고 사는데 그것도 모자라서 앙앙거린다." 이런 뜻이다. 이런 분들은 마음 속 은밀한 곳에서는 때릴 수도 있다고 생각하면서 겉으로는 어떻게 그런 행동을 할 수 있느냐는 태도를 보인다.
　하긴 우리 주변을 둘러보면 매 맞는 아내를 목격하기는 쉬운 일이 아니다. 이런 일은 몰래 이루어지거나 알아도 남의 부부싸움인데 끼어드는 것은 점잖지 못한 일이라고 못 본 척하거나, 남 보기 창피한 일이라고 매 맞는 아내가 쉬쉬하기 때문이다. 한국여성의전화가 집계한 통계를 보면 전화상담(92년)의 34%(2,239건)가 아내 구타에 관한 것이다. 그런데 이 비율은 여성운동이 활발해지고 아내구타에 대한 사회적 관심이 높아져가고 선진국화 되어가는 우리나라에서 별로 줄어들 기미가 보이지 않는다. 학교에서 교사가 학생을 때렸다고 하면 사회가 발칵 뒤집어지고 그 교사는 파렴치범이 된다. 그러나 남편이 아내를 때리는 것은 괜찮은 일이 된다.
　어떠한 경우에도 폭력은 안 된다고 하는 것이 문화의 척도가 될 수 있다면 이런 일은 어떻게 설명해야 할까. 그러면 아내 구타가 왜 일어날까. 남편 개인의 성격적 결함이니 맞을 짓을 한 아내 개인의 원인만이 아니라는 것은 분명하다. 경제, 사회, 문화, 제도 등 인간을 인간답지 못하게 만드는 여러 가지 모순들이 부부-남편과 아내라는 가장 약한 부분에서 곪아 터진 것이다. 그래서 때린 남편이 아무리 반성을 하더라도 스스로는 고치기가 어렵다. 매 맞는 아내도 환갑이 되도록 맞고 살면서도 포기해 버리고 만다. 서로 때리고 맞는 한 남편이나 아내는 이미 인간적이지 못하다. 그래서 한국여성의전화가 개설된 것이다.

　매 맞아서 주눅 든 여성이 자신을 위해서 아무런 엄두를 내지 못할 때 스스로 일어설 수 있도록 동료 여성들의 힘을 모아 위로하고, 격려해 주고 아내 구타의 원인이 되는 사회의 모순을 없애는데 노력을 기울이고 있다. 인천은 여성 인구만 100만이 넘고 있는데 여성을 위한 전문 상담소가 한 곳도 없다. 각처의 무료상담소(인생, 법률)에는 가정문제로 찾아오는 여성이 40%나 되는데 실질적 상담은 전혀 해주지 못한다고 한다. 인천여성의전화는 11월말 개원을 목표로 준비 중인데 많은 분들의 도움이 필요하다. 상담 자원봉사자도 필요하고 재정후원도 절실하다. 인천여성의전화가 여성들의 진지한 동반자로 굳게 서는 날 맞는 남자도 많다는 농담은 더 이상 하지 않게 될 것이다.

　　　　　　　　　　한겨레신문 동아리 '만수지국 독자모임' 회보 (1993. 11. 20)

인천에서 시작된 현대적 여성운동

지난 1월 29일 '인천여성의전화'가 개원하였다. 이로써 1994년은 인천 여성운동사에서 기념할만한 해가 될 것이다. 한국에서 현대적 여성운동이 시작된 것이 70년대 중엽이니 인천은 상당히 뒤진 셈이다.

그러나 90년대 들어 여성운동도 지역에 폭넓게 확산될 수 있을 만큼 역량이 쌓이고 날로 서울에 종속되어 가던 인천이 인천의 독자성과 중심을 확립하려고 몸부림치기 시작한 바로 이때 인천의 여성운동을 시작할 수 있게 된 것은 여러 모로 큰 의미를 지닌다. 그동안 축적된 여성운동의 성과를 인천이란 틀 속에 부어서 인천 여성에 의한 인천 여성을 위한 여성운동을 시작할 수 있게 되었기 때문이다.

물론 인천에도 여성단체는 많이 있다. 오랜 역사를 가진 단체도 있고 튼튼한 조직과 재정을 자랑하는 단체도 있다. 그러나 여성운동을 하기 위한 단체는 아니었다. 엄밀히 말하면 인천에는 100만 인천 여성을 대변할 수 있는 여성운동이 없었다. 여성을 위한 행정적 뒷받침이나, 사업으로 성공한 몇몇 여성이나, 여성 정치인 몇 명으로 전체 여성의 상태가 향상되는 것은 아니다. 구슬이 서 말이라도 꿰어야 보물이라지 않던가. 여성 운동이라는 실과 바늘이 있어야 여성 스스로 여성문제를 해결할 수 있게 되는 것이다.

'인천여성의전화'는 여성학적 관점을 가지고 여성문제를 해결하기 위한 운동을 지속적으로 펼치는 본격적이고 전문적인 여성운동 단체이다. 이것이 '인천여성의전화'가 인천에서 갖는 첫 번째 의의이다.
　'인천여성의전화'가 제 역할을 다하기 위해 꼭 지키려고 하는 것은 여성학적 관점과 운동의 전문성이다. 여성학적 관점이란 철저하게 여성 중심적으로 생각하고 행동하는 것이다. 우리는 지금까지 가부장제 사회에서 살아오면서 모든 사물을 남성의 눈으로 보는 데 익숙해져 있다. 여성의 눈으로 본 경험도 거의 없고 있다 해도 역사 속에서 철저하게 지워졌다. 가부장제 형성과정을 잘 보여주고 자본주의의 정신적 배경이 되는 기독교의 역사를 보면 원시 기독교가 가졌던 여성적 요소와 여성들의 생각이 반영 된 교리나 교파는 이단으로 규정되어 여지없이 탄압을 받았다.
　뿐만 아니라 남성이란 바로 힘-체력, 능력, 재력, 권력-의 상징이 되었다. 여성은 단지 남성이 아니라는 이유로 이런 것을 소유할 수 없었고 여성에게는 이성이 없다고 생각한 철학자도 있었다. 엥겔스의 말대로 여자는 아무리 왕이 되어도 자기가 섬겨야 할 남자가 하나 있고, 남자는 아무리 비천한 노예가 된다 해도 자신이 부릴 수 있는 하녀가 하나 있는 현실이었다.
　이런 배경에서 여성의 눈으로 본다는 것은 가부장제 사회에서 우리가 보지 못했던 것, 보아도 말할 수 없었던 것을 들춰내고 너무나 당연시되고 기정사실화된 것을 한 번 뒤집어 보는 것에서 시작한다. 예를 들어 최근에 어느 조교가 자신을 성희롱한 교수를 고소한 사건을 두고 많은 남성들이 그 조교 때문에 여성들이 더 불리해졌다고 생각하는 것 같다. 그런 구설수를 당할까봐 남자교수들이 여학생은 조교로 쓰지 않으려 한다는 것이다. 그런데 정말로 여자들이 손해를 입는 것일까? 아니다. 오히려 그 용기있는 조교로 인해 여성을 노리개쯤으로 생각하는 남자들의 생각이 뜯어 고쳐질 것이고 어쩔 수 없이 그런 성희롱을 감수해야 하는 많은 여성이 도움을 받게 될 것이다. 구타만 해도 여자와 북어는 사흘에 한 번씩 패야 한다는 속담이 있을 정도로 당연시 돼온 일이었다. 그러나 지금은 여성운동의 주요한 쟁점이 되었다. 그것은 시간이 지나면서 저절로 변화된 것이 아니라 여성들의 노력 덕분이다.

매 맞는 아내와 성폭행 당한 여성을 돕는 상담기관인 '인천여성의전화'는 무엇보다도 신뢰 받는 전문 상담기관이 되기 위해 우선적으로 노력하려고 한다. 분명한 관점과 목표를 가지고 있더라도 방법이 서툴다면 제대로 달성하기 어려운 것이다. 또한 이것은 종래 사회운동이 지녔던 문제점이기도 하다.

문명의 발달에도 불구하고 아내 구타나 성폭행은 그 빈도나 강도에 있어서 계속 늘어가는 추세이다. 상담과 도움을 필요로 하는 여성은 더욱 많아지고 있는데 전문적인 상담을 해낼 수 없다면 늘어나는 요구에 완벽한 대응을 하기 어려울 것이다. 이것이 '인천여성의전화'가 요구받는 첫 과제이다.

대개 상담은 개인에 대한 애정을 힘의 원천으로 고통의 원인이 되는 사회구조적인 문제를 해결하지 않는다면 우리가 아무리 열심히 상담을 해도 아내 구타나 성폭행은 끊임없이 발생할 것이다. 이를 위해 어느 단체나 기관과도 연대하고 협력할 것이며 폭넓은 교육과 문화 사업을 지속적으로 벌여나갈 것이다.

이제 씨가 뿌려진 인천의 여성운동이 잘 자랄 수 있도록 인천 시민의 관심과 애정을 기대하며 '인천여성의전화'를 시작으로 인천에서 현대적 여성운동이 꽃피웠으면 하는 바람이다.

「황해문화」 1994년 봄호

사랑하는 20세기를 보내며

12월입니다. 올 한 해를 뒤돌아보고 다음 해를 생각하는 시간이 되었습니다. 특히 올해는 특별한 해입니다. 1999년 12월 31일에 지고 200년 1월 1일에 뜨는 해는 같은 해이겠지만 그 해를 보면서 지난 천년을 성찰하고 앞으로 올 천년의 지향을 전망해보자는 약속의 시간입니다. 이렇게 뜻 깊은 시간에 '내일 지구가 멸망하더라도 오늘 한그루 사과나무를 심는' 마음으로 지나간 시간을 정리하고자 합니다.

19세기 여성운동이 시작된 이래 양 세계대전이 끝난 1945년 이후 세계의 여성운동은 놀랄만한 발전을 이루었습니다. 20세기가 이룬 가장 큰 업적은 인류역사가 잃어버렸던 여성을 되찾은 것이라 해도 과언이 아닙니다.

인천여성의전화는 20세기의 끝자락 1993년에 준비하여 1994년 1월에 창립되었으며 지금까지 6년 동안 지역사회에서 활발히 활동해왔습니다. 본회는 20세기 세계여성운동의 훈풍에 싹트고, 7~80년대 민주화운동의 기름진 토양에 뿌리내려, 90년대 시민운동의 단비를 듬뿍 머금고 무럭무럭 자라 이제 지역사회의 중요한 일꾼으로 자라났습니다.

아시다시피 7~80년대는 당면과제인 민주화를 위하여 모든 운동역량을 집중했던 시기였습니다. 당연히 여성이기 때문에 겪어야 했던 차별과 불평등은 민주화가 이루어지면 저절로 해결될 부차적인 문제라고 여겨졌습니다. 그래서 여성들도 민주화를 위해서 열심히 일했습니다. 그러한 때에 여성의전화는 척박한 땅에 뿌리를 내리기 시작했습니다(1983년).

80년대 말 동구의 사회주의 실험이 실패로 끝나고, 우리 사회의 민주화가 어느 정도 진척됨에 따라 우리 사회는 많은 변화가 있었습니다. 그 중에서도 여성들은 자신들의 문제를 성의 관점에서 재해석하기 시작했습니다. 즉 제도의 문제, 구조의 문제, 부패의 문제, 권력비리의 문제 등으로만 보던 것을 성의 차이에서 오는 문제로 인식을 심화시키기 시작한 것입니다. 이것을 '성인지적 관점'이라고 하는데 이런 전환이 시작되면서 여성의전화는 급성장을 하게 되었습니다. '여성에 대한 폭력'은 이런 관점이 아니면 드러나기 어려운 여성의 문제였기 때문에 80년대에는 민주화에 파묻혀 드러나지 못했던 것입니다.

또 다른 성장의 계기는 여성에 대한 차별과 폭력의 문제를 '인권'의 문제로 승화시킴으로 해서 '성차별'이 '인종차별'과 더불어 인류의 뿌리 깊은 차별의식임을 드러내었고 '여성의 권리는 인간의 보편적 권리'임을 깨달은 것입니다. 이로부터 여성의전화는 자신의 정체성을 '여성인권운동'단체로 분명하게 확립하게 되었습니다. 이는 국제여성운동의 흐름에 발맞추며 그에 힘입은 바가 큽니다.

이제 한국의 여성운동은 세계여성운동과 국제사회의 주목을 받고 기대 받는 자리에까지 이르렀습니다. 특히 아시아 지역에서는 다른 부분과 마찬가지로 우리가 해야 할 일이 많아졌습니다. 이것이 한국의 여성운동이 해야 할 일인 동시에 인천여성의전화가 해야 할 일입니다.

21세기는 여성주의, 생태주의, 영성의 시대가 될 것이라고 합니다. 이들은 별개의 것들이 아니라 한사물의 서로 다른 측면입니다. 여성주의는 여성이 남성의 자리를 빼앗겠다는 것이 아니라 여성과 남성, 나아가 서로 다른 사람들이 함께 조화를 이루며 살아가고, 자연과 사회, 인간이 어울려 살아가는 것의 이름입니다. 20세기가 발견한 인류 최대의 유산, 이것은 여성이란 이름으로 존재하지만 존재하지 않은 것으로 간주되었던 모든 것들이 드러내고 말하고 존재하게 되는 것입니다. 그리고 이것이 21세기 우리의 희망입니다.

지난 6년 동안 저희 인천여성의전화에 관심과 애정을 가지고 지켜 봐주신 여러분께 감사드리며 21세기 풍요롭고 따뜻한 지역사회 디딤돌로 성장할 것을 다짐합니다.

인천여성의전화 회보 〈물꼬〉 48호 (1999. 12)

사람이 없다?

　우리가 흔히 쓰는 말 중에 뭘좀 하려고 하는데 "사람이 없다"고 한다. 이것은 일할 사람, 일할 만한 조건을 갖춘 사람이 없다는 뜻일 것이다. 인천에서 사회활동을 하면서 나는 인천은 사람을 키우지 않는 곳(인력양성시스템이 없는 곳)이라는 생각을 하게 되었다. 여성의전화를 처음 시작할 때에도 말그대로 '박박 긁어서' 10여명의 여성을 모아 준비위원회를 꾸렸었다. 지금도 인천에서는 무슨 일을 해도 사람 모으는 것이 제일 어렵다고 한다.
　사람이 왜 없겠는가. 인구가 250만인데. "구슬이 서말이어도 꿰어야 보배"라는 속담이 있다. 사람이 아무리 많아도 그 사람들이 각기 타고난 능력을 개발하고 자기 역할을 할 수 있도록 훈련하지 않으면 꿰어지지 않은 구슬에 지나지 않는다. 그래서 여성의전화는 구슬을 꿰는 '실'의 역할을 하는 것을 비전으로 삼았다. '실'을 여성운동식으로 말하면 임파워먼트(empowerment)라고 한다. 능력강화, 힘주기, 세력화 등 다양하게 번역한다. 이 힘주기는 우선 개인적, 법적, 문화적, 정치적, 경제적, 사회적 차원에서 다양하게 시도되어야 한다.
　올해 인천시는 여성들의 임파워먼트를 위하여 중요한 일을 한가지 하였다. 앞으로 5년 동안의 여성발전기본계획을 수립한 것이다. 이 기본계획의 바탕은 여성인적자원의 개발이다.

인천시는 동북아 관문도시가 되겠다는 비전을 가지고 있다. 지형적 여건상 당연히 가질 수 밖에 없는 비전이다. 동북아 관문도시의 주축은 송도신도시와 인천공항으로 물류 비즈니스를 중심으로 한다. 이는 최첨단산업의 유치와 고급인력확보를 전제로 하는 것이다.

그런데 인천의 여성들은 전국에서 가장 가난하고 힘이 없는 여성들 중의 하나다. 이런 여성들과 동북아 물류 비즈니스의 중심도시라는 비전 간의 현실적 거리는 상당히 큰 것이다. 이런 상황에서 여성들에게 능력을 주기 위해서 여성인적자원을 개발하는 시스템, 지역사회 인프라구축이 절대 필요하다고 생각한다.

하나는 여성들이 결혼이든 비혼이든 임신, 출산에서부터 육아와 양육, 교육의 어려움이 없도록 지원하는 지역사회인프라를 구축하는 것이다. 여성들이 사회경제적 활동을 하는 일에 있어서 가장 걸림돌이 되는 것은 육아문제라는 것은 이미 공인된 사실이다. 또 하나는 여성들이 직장이나 가정에서 어떤 상황에서든지 차별과 폭력을 당하지 않도록 지원하는 인권인프라를 구축하는 것이다. 마지막으로 다양하고 단계적인 취업프로그램이다.

이런 시스템의 지원을 받아 여성들은 마음껏 자신들의 타고난 능력을 개발하며 잠재력을 발휘하게 될 것이다. 이것이 바로 사람을 만드는 일이다.

허황된 꿈일까? 아니다. 여럿이 생각을 모으면 희망이 되고 함께 꾸는 꿈은 현실이 된다.

인천여성의전화 회보 〈물꼬〉 78호 (2002. 12)

살맛나는 인천을 위하여

　먼저 제 3대 인천 시의회가 힘찬 출범을 하게 된 것을 축하드립니다. 또한 이 배를 이끌고 갈 시의원님들께도 이 배를 함께 타고 갈 인천 시민들의 기대와 소망을 모아 따뜻한 격려의 인사를 드립니다.
　인천 시민들의 기대라고 했지만 사실 인천 시민들은 특히 이번 선거에서 너무 많은 상처를 받았습니다. 전국에서 최하위라는 투표율이 말해주는 것이 무엇이겠습니까. 그러나 우리는 무관심과 비난, 나아가 분노로 멍들어 있을 우리 인천 시민들의 마음을 치료하여 내 고장을 참여와 자치의 생기가 넘치는 지역 공동체로 만들고 싶다는 소망을 버리지 못하는 것도 사실입니다.
　별 것 아닌 것 같은 이 소망도 이루기가 참으로 어려운 것 같습니다. 지금까지는 정치에도 책임을 묻고 지방자치제도가 해결해 줄 것으로도 생각했으나 이번 선거를 통해서 결국 우리 시민들의 의식전환이 첫 번째 디딤돌이라는 것을 다시 한 번 깨닫게 되었습니다. 시의원이란 시민의 대표가 아닙니까? 너무나 당연하고 기본적인 사실이지만 우리는 이것을 잊고 있는 경우가 많이 있었습니다. 이 자리를 빌어 되새김해 보겠습니다.
　지방의회가 정당에 좌우 되서는 안 된다고 하지만 솔직히 말하자면 정치에 뜻이 있지 않고서는 이 일을 하기 어렵습니다. 오히려 건강한 정치의식이 필수적입니다. 그 위에 왜 정치를 해야 하는가에 대한 뚜렷한 사명감(mission)을 가져야 합니다. 이런 사명감을 가지고 통찰력과 철학을 가지고 비전을 제시할 수 있어야 합니다.

다음에는 객관적이며 합리적인 리더십이 필요합니다. 지방의원들은 여러 역할을 겸해서 하는 경우가 많이 있습니다. 활동비가 없는 명예직이기 때문에 생업과 병행하는 분도 계시고 다른 사회단체의 임원을 맡고 있는 분도 계십니다. 따라서 때와 경우에 따라서 적합하게 역할과 직분을 배치하지 않으면 사심이 있는 것으로 오해 받게 됩니다.

선거 때마다 유권자에게 바람직한 정치인상에 대해서 설문조사를 하는데 이때 1위를 차지하는 항목이 '도덕적인 인물'입니다. 우리나라의 정치발전을 위해서 저는 개인적으로 도덕적인 인물보다는 객관적이고 합리적인 인물이 필요하다고 주장합니다. 도덕적인 인물은 현실 정치를 하기에는 너무나 이상적일 수 있기 때문에 비현실적이고 주관적일 수 있습니다. 우리가 바라는 도덕성이 부정하지 않고 편파적이지 않은 품성을 말하는 것이라면 더욱 그럴 것입니다.

또한 민주적이고 평등한 리더십도 필요합니다. 우리 사회의 큰 문제 중의 하나는 불평등의 문제라고 생각합니다. 그동안 이 문제가 많이 해결되어가고 있었지만 경제위기를 맞으면서 다시 심화되고 있습니다. 특히 여성들에 대한 불평등과 그로 인한 사회적 손실은 참으로 심각합니다. 단순한 성 평등의 문제가 아니라 21세기 세계화시대에 국가경쟁력 제고의 문제입니다. 이런 관점에서 보면 지역주민을 위해서 할 일들이 참 많아집니다. 그 일은 지역주민과 함께 하면 아주 쉽게 모두가 만족하는 방식으로 할 수 있습니다. 한 사람의 생각보다 두 사람의 생각이 좋고 여러 사람의 생각이 모이면 불가능한 일이 없게 됩니다.

인천광역시의회보 (1998)

인천의 리더 조건과 리더십 형성방안

저는 좀 원칙적인 방향에서 얘기를 해야 될 것 같습니다. 발표해 주신 내용을 보니까 주로 현실 정치를 중심으로 접근하고 있더군요. 아무래도 한 개인을 중심에다 두고 얘기 하신 것 같고요. 그런데 그 정치 리더라고 하더라도 구체적으로 어떻게 리더를 키워낼 것인가 하는 대안 제시는 좀 미약하다는 생각이 들었습니다. 그래서 저는 리더의 개념과 대안에 대한 이야기를 해보기로 하겠습니다.

지금 쓰고 있는 리더라는 말은 지도자 개인을 지칭하는 것 같고, 리더십은 그 지도자의 개인적인 자질, 조금 더 크게 말하면 그 지도자가 활동하고 있는 배경, 장, 이런 것을 말하는 것 같은데 저는 그런 리더십이 함축하고 있는 개념으로는 앞으로의 사회를 설명하는 데 부족하다는 생각이 들었습니다. 리더십은 개인의 자질에만 의존할 수가 없고 리더와 다양한 사회 구성원간의 상호 영향 아래에서 리더십이 창출된다고 이해되거든요. 그래서 저는 리더라는 말 보다는 중심이라는 개념을 생각해 봤습니다.

중심이라는 것은, 예컨대 지구의 중력을 상상해 보시면 됩니다. 지구 속에 핵이 있어서 모든 지구 위에 있는 것들을 끌어들이는 인력을 갖고 있습니다. 그렇지만 거기서 살고 있는 모든 생물체들은 각자 자기 생활을 하는데 전혀 지장이 없지요. 그렇지만 중력은 지구로부터 떨어지지 않게 해주는 역할을 하고 있습니다. 그리고 그것은 지구 입장에서는 수직적일 수 있지만 땅 위에서는 수평적으로 관철됩니다. 그러니까 그 힘의 미치는 면이 상하좌우로 고르게, 또 상호작용을 한다는 것이지요. 그래서 저는 중심이라는 말로 앞으로 올 시대의 리더십 개념을 설명하면 좋겠다는 생각이 듭니다. 아까도 말씀드렸듯이 정치인, 특히 현실 정치인을 중심으로 인천의 리더십에 대해서 말씀이 나왔습니다.

그런데 현재 인천 지역사회는 정치세력 뿐만 아니라 다양한 분야의 다양한 세력들이 존재하고 있습니다. 그런 세력들이 모이지 못하는 것은 지금 단적으로 나타나듯이 바로 정치세력만을 중심으로 얘기를 하기 때문이 아닌가, 그리고 정치세력이 아니라 하더라도 기득권이나 또 제도권을 중심으로 논의하다 보니 여타의 세력들은 무시되거나 통합되지 못하고 있는 것이 아닌가, 그래서 결국 인천 전체의 리더십이 형성되지 않는가 하는 생각이 듭니다. 그러니까 어떤 중심, 공평하게 끌어내는 구심점이 형성되지 못했다는 것이죠. 리더십이라는 것은 서로에 대해서 어떤 영향을 미치는 것인데 그런 영향을 주고받지 못한다는 그런 뜻입니다.

발표자께서는 시민단체의 활동이 참 크다고 하셨는데 단체는 있지만 그 단체가 활동할 수 있는 그 시민이라는 영역이 인천 사회에 과연 형성이 되어 있는가, 이런 것도 저희가 반성을 해야 될 점이라고 생각합니다. 그래서 지방자치시대에서 중요한 것은 탈 중심이라고 생각을 합니다. 중앙 집권적인, 또 제일 윗선에서 내려오는 그런 중심에서 탈피해야 하는 동시에 지역사회에서는 새로운 중심을 만들어야 하는 그런 과제를 갖고 있다고 생각이 되요. 그 지역사회의 중심은 하나의 중심이 아니고 다원적인 중심이어야 합니다. 여러 가지 중심을 가진 세력들이 서로 작용을 해서 다양한 커뮤니케이션을 만들어 내는 것이 필요한 것이지요. 그럴 때 리더나 리더십이 할 수 있는 역할은 그런 다원적인 중심의 의사소통, 또 그런 중심들의 팀 웍, 이런 것들을 네트워크로 연결해 주는 그런 서비스를 하는 사람이 아닌가, 이렇게 생각을 합니다.

그렇다면 이런 리더십을 인천에 만들어 내려면 어떻게 해야 되느냐 하는 것에 대해서는 일단 지금까지 우리가 익숙하게 알고 있는 리더십에 대한 개념에 대한 발상의 전환이 있어야 되지 않을까 생각이 되는데, 지금까지 권위주의적이고 전제주의적인 리더 개념에서부터 시스템적이고 탈 중심적이고 또 성인지(性認知)적인, 제가 이 자리에 온 것은 여성들의 입장을 좀 반영하라는 뜻으로 알고 있습니다만, 특히 인천에서 가장 잘 인식되고 있지 못하는 이런 성인지적인 개념의 리더십이 필요하지 않을까 합니다.

그러면 어떻게 그런 리더십을 키울 수 있을 것인가. 이에 대해 우리는 지금부터 굉장히 거대한 프로젝트를 세워야 될 것 같습니다. 인천에 중심이 세워지지 못하는 데는 역사적인 단절이라는 원인이 굉장히 크다고 생각 합니다. 역사적으로 우리 인천 사회에서 리더십의 모델은 있었습니다.

그렇지만 조금전 한영환 총무께서도 말씀하셨듯이 한국 현대사의 굴곡이 작용을 해서 우리 인천 역사에도 전형적으로 작용을 했습니다. 적어도 인천 현대사에 대한 새로운 조명과 또 역사적인 리더십에 대한 복원과 평가가 필요합니다. 단순한 학문적인 작업 아닌 대중적인 작업이 필요하고 그래서 인천학, 이런 것이 필요하지 않을까 생각합니다. 이 토론회도 인천발전연구원이 주관을 하셨으니까 인천학을 연구하자는 새로운 주장을 연구원 차원에서 제기하면 어떨까 생각을 갖기도 합니다. 그리고 그것을 근거로 해서 인천에 새로운 리더십이 어떤 것이어야 될까, 인천의 중심을 어떻게 만들어야 될 것인가에 대한 활발한 장면이 형성되어야 된다고 생각합니다.

지금처럼 정치철마다 누구를 뽑을 것인가, 그리고 지금까지처럼 정치인을 공격하고 이럴 것이 아니라 인천 시민 전체가 우리의 리더십을 어떻게 만들어 낼 것이냐, 나는 어떠한 리더십이 될 것이냐 하는 것을 고민하는 담론이 거대하게 형성되어야 되고 시민운동이 그런 것을 주도해야 될 것이라고 봅니다. 그리고 그 담론을 만들 때 과거를 기반으로 하기도 해야겠지만 우리가 만들고 싶은 미래로부터도 영향을 받아서, 마치 터미네이터처럼, 현재의 연장선상으로서의 미래가 아니라 미래에 의해 현재가 좌우되는 그러한 담론이 형성 되어야 하지 않을까 해요.

  마지막으로는 그런 담론을 거쳐서 실제로 만들어 낼 수 있는 구조, 그러니까 시스템을 만들어내는 것이 필요하다고 생각합니다. 인천에는 사람을 키워내는 구조가 거의 없다고 해도 과언이 아니라고 생각합니다.

        인천시민대토론회 〈인천의 리더 조건과 리더십 형성방안〉 토론문 (1999)

인천여성의 사회참여 아직 멀었다

　인천시가 1997년 이후 추진해온 여성정책의 기조는 한마디로 '여성의 역할강화와 사회참여확대'이다. 이는 인천에 꼭 필요하고도 중요한 정책이라고 생각한다. 그러나 이런 정책의 추진에도 불구하고 4년이 지난 2001년 현재 인천여성들의 사회참여는 제자리걸음을 하고 있는 상황이다.
　여성부 출범을 계기로 인천시의 여성정책 추진상황을 살펴보자. 특정 집단 안에서 한 의견이 관철되려면 30% 정도의 세력을 가지고 있어야 한다고 한다. 그래서 정부는 국가기관의 각 부분마다 여성을 30% 배치하도록 독려하고 있고, 이에 호응하여 다른 지방자치단체들은 20.5%라는 상당한 성과를 올리고 있다. 그러나 인천시의 각종 위원회의 여성위원은 2000년 말 현재 14.6%에 불과하며, 이는 자신들이 1999년의 목표로 세운 23%에도 훨씬 못미치는 것이다. 여성공무원은 22.6%, 소방공무원은 3.4%, 경찰공무원은 1.8%, 여성의원은 시의원 13.8%, 구의원 3.7%에 불과하다. 여성공무원의 비율이 비교적 높긴 하지만 정책결정에 참여할 수 있는 5급 이상의 고위직 공무원은 4.7%에 불과하며 소방공무원과 경찰공무원은 0%로 여성은 전원 말단 하위직이다. 여성의원비율이 전국에서 제일 높긴 하지만 서울시의회에서는 1995년부터 구성한 '여성특별위원회'를 인천은 올 3월 6일에야 구성할 수 있었다. 7, 9급 공무원 공채시험의 여성합격자 비율은 97년에 19%로, 94년의 39%, 95년의 41%, 96년의 22%에 비해 오히려 줄었으며 그나마 96년 이후부터는 7급은 한명도 뽑지 않고 있다.

또한 일반 여성들의 활발한 사회참여를 지원하기 위해서는 각종 사회교육시설과 복지시설 및 전문적인 취업훈련기관 등이 필요하다. 그러나 인천은 다른 광역시에 비해 이런 시설이 턱없이 부족하다. 인천시 자료에 의하면 최소한 여성복지시설 8개, 노인복지시설 8개, 장애우시설 4개가 더 필요하다고 지적되어 있다. 그러나 인천시가 발표한 〈1999~2003 중기투자 및 재정계획〉에 보면 여성정책에 대한 언급은 전혀 없고 기존에 해오던 아동복지, 노인복지, 여성의 광장 설립 사업에 '복지도시실현'이란 옷을 입혀 내놓았을 뿐, 부족한 복지시설 중 노인복지시설 2개소를 늘리는 것이 전부이다.

여성정책을 효과적으로 집행하기 위해서는 지방정부 각 부서와 정책조정과 협의가 필요하고 강력한 추진력도 있어야 한다. 그래서 반드시 권한을 가진 여성정책 전담기구가 필요한 것이다. 인천시를 보면 1997년 여성복지과를 전담기구인 여성정책담당관실로 개편 승격시켰으나 구조조정을 이유로 1년만에 여성복지과로 후퇴하여 현재 13명이 일하고 있다. 이런 직제와 인원으로는 여성정책은 커녕 기본적인 여성관련업무를 수행하기에만도 벅차다. 인천시와 인접한 서울시와 경기도를 보면 사정이 다르다. 서울시는 1996년 여성정책보좌관실을 신설하고 서울여성위원회를 발족했다. 1998년에는 이를 확대, 개편하여 시장 직속의 정규조직으로 1급 여성정책관과 여성개발담당관을 신설했고 총 18명을 배치하였다. 경기도는 여성정책국 산하에 3개 과가 있으며 경기 1청과 2청에 각각 1과를 두고 총 28명을 배치하고 있다. 이를 바탕으로 서울시는 '새서울 여성정책 3개년 계획'을, 경기도는 전국에서 최초로 독자적인 '경기여성발전 중장기 실천계획'을 수립, 집행하여 큰 성과를 거두고 있다. 이밖에도 강원도에 여성정책실, 충북에 여성정책실, 전북에 여성정책관이 있으며 이들 모두 고급 전문인력을 공채하여 지역특성에 맞는 여성정책을 세우고 지역여성문제를 해결하는 데 전력을 기울이고 있다.

　인천시의 여성사회참여확대가 지지부진한 이유는 실질적인 여성정책전담기구가 없기 때문이고 인천시가 이를 설치하지 않는 것은 여성정책을 집행할 의지가 없기 때문이라고 볼 수 밖에 없다. 인천시는 이를 하루속히 신설하고 집중적인 투자를 해야 할 것이다.

인천여성의전화 회보 〈물꼬〉 65호 (2001. 9)

인천시 '여성특별위원회'를 환영하며

여성부가 출범하자 많은 사람들이 여성부가 약체부서가 될 것을 우려하고 있다. 또한 '여성부에게 바란다'는 식의 당위적인 요구가 쏟아지고 있다. 여성부가 실질적인 역할을 하기 위해서는 그 시스템과 권한도 중요하겠지만 집행단위가 되는 지방정부의 정책과 시스템도 중요하다고 생각된다. 한명숙 여성부장관은 지금은 여성부의 체제를 갖추는 일에 주력하겠다고 하였는데 그 자체 속에는 지방정부의 체제까지도 포함되어야 할 것이다. 그래야 여성부가 단명하지 않고 제 역할을 할 수 있을 것이다.

지역에 있는 우리들은 여성부의 출범에 발맞추어 지방 정부가 여성정책시스템을 갖출 수 있도록 노력해야 한다. 이를 위해 인천지역사회의 여성들이 첫 번째로 해낸 것은 인천시의회에 여성특별위원회(이하 여성특위)를 설치한 일이다(서울은 이미 6년 전부터 여성특위가 활발하게 활동하고 고 다른 지역도 이미 오래 전에 설치되었다. 그러나 인천시는 다른 지역보다 여성의원 비율이 높은데도 여성특위는 번번이 부결되곤 하다가 지난 3월 6일 구성되었다.

여성특위의 활동목표는 1) 여성정책 관련업무를 연계하여 이 정책을 효율적으로 추진하도록 지원하고 2) 제1차 인천시 여성정책 기본계획의 추진상황을 파악하여 보완하고 3) 인천지역 여성들의 문제 및 욕구를 파악하여 정책에 반영하고 집행을 지원하는 것으로 이는 인천시 여성정책의 활성화를 위해 지금 꼭 필요한 일이다. 위원으로는 이영환, 박승숙, 홍미영, 원미정, 신맹순, 고남석, 손석태 의원 등 7명이다. 아쉬운 것은 특위의 활동기간이 6개월이란 점이다. 위의 목표를 이루기 위해 6개월 후 그 동안의 활동성과를 바탕으로 재구성되기를 바란다.

남은 과제는 먼저 지방정부에서도 여성부의 역할을 할 수 있고 중앙의 여성부와 협력할 수 있는 전담부서를 만드는 것이다. 이런 면에서 특히 인천시는 열악한 편이다. 여성정책실이 있었으나 1년 만에 여성사회복지국으로 통합되면서 여성정책팀으로 축소되어 정책생산의 기능을 제대로 하지 못하고 있다. 이것을 다시 복원해야 할 것이다.

다음으로 인천여성들의 문제를 파악하고 정책제언을 할 수 있는 연구기구가 필요하다. 이미 다른 지방정부들은 서울의 여성개발원과 같은 여성정책개발과 교육기관을 만들고 고급인력을 공채하여 활발하게 연구활동을 하고 있다. 인천에는 인천발전연구원이 있으니 이를 활용하면 좋을 것 같다.* 여성정책이 모든 분야를 망라하는 점을 감안하여 인천발전연구원에 성인지적 관점을 도입하고 특히 여성과 관련이 깊은 복지, 건강, 문화 등의 분야에 연구원을 배치하는 것이 필요하다.

그리고 인천시와 여성단체들은 유기적인 협조와 상호비판이라는 민관협력체제를 만들어야 한다. 여성단체들은 인천지역 여성들의 욕구 및 문제를 수렴하여 적극적으로 인천시 정책결정과정에 반영하고 인천시는 여성단체를 파트너로 존중하여 여성정책의 혜택을 한사람도 빠짐없이 누릴 수 있게 해야 한다.

인천여성의전화 회보 〈물꼬〉 60호 (2001. 3)

---

*2004년 인천여성개발센타(2006년 인천여성정책센타로 개칭)가 설치되었으나 점차 축소되어 마침내 전임연구자 없이 명맥만 유지되어 왔다. 필자를 포함한 여성계의 노력으로 2012년 예산에 연구인력 증강예산이 반영되었다.

경찰의 〈여성·청소년계〉 신설을 환영하며

경찰은 지난 1월 29일 여성에 대한 폭력(이하 여성폭력)을 전담하는 부서인 〈여성실〉을 신설하였다. 이어서 인천지방 경찰청은 31일 〈여성·청소년계〉를 신설하였고 후속조치로 산하 각 경찰서는 기존의 청소년계를 〈여성·청소년계〉로 확대, 개편하였다. 형사과에 설치 운영하던 여성상담실을 〈여성·청소년계〉로 이관하고 전용상담실을 마련하였다. 그리고 지난 3월 30일 의사, 교수, 변호사, 여성상담관련 여성단체 등으로 구성되는 인천지방 경찰청 〈여성대책 자문위원회〉가 발족되었다.

여성폭력의 특성상 전담기구는 꼭 필요한 것으로 이번 조치로서 경찰이 피해자의 인권을 보호하고 여성폭력을 추방하는 동시에 민관 협력체계를 만드는데 큰 역할을 할 것으로 기대 된다.

〈여성·청소년계〉는 여성상담실을 운영하고 성폭력, 가정폭력, 아동학대, 미성년 매매춘, 원조교제에 대하여 수사하고 여경, 기능직 등 여성공무원의 고충을 상담 및 조치하는 것을 주요 업무로 한다. 그동안 112에서 받던 여성폭력관련 신고를 결찰서 해당국번+0118로 하면 바로 피해자 접수 및 출동이 가능하며 특히 여경이 출동하여 피해자 입장에서의 초동수사가 가능하게 되었다.

〈여성대책 자문위원회〉는 성폭력·가정폭력·아동학대 등에 대한 분석 연구하고 여성인권보호 등 대(對)여성 치안정책 관련하여 자문 및 방향을 제시하고 〈여성·청소년계〉와 연계하여 활동하는 것을 주요 임무로 한다. 이 기구들이 제 역할을 다하기 위해 몇 가지 제언을 하고자 한다.

첫째, 여성의 사회참여, 능력개발, 여성폭력의 본질 등 여성에 대한 경찰의 인식이 전환되어야 한다. 여성상담 관련 경찰들을 위한 워크샵도 하고 여성단체와 간담회도 하는 등 경찰청은 만반의 준비를 해왔지만 경찰이 도둑이나 잡으면 되지 이런 일까지 해야 하느냐 하는 불만도 있는 것으로 안다. 아직도 여성폭력은 여성 개인의 사소한 일이어서 공적인 경찰이 하기에는 시시한 일이라는 의식이 깔려있는 것이다. 그러나 이미 여성문제는 여성만의 문제가 아닌 인류발전을 위한 중요한 사회문제가 되었다.

둘째, 전담인력의 문제이다. 현재 인천지방 경찰청에 4명, 각 경찰서에 2-3명이 배치되어있는데 이 인력만으로는 상담 및 출동과 수사를 모두 하기가 어렵다고 본다. 아직 초기여서 상담건수가 많지 않더라도 전담인력을 보강하고 기본적인 여성상담훈련을 하는 등 보강이 필요하다. 여성상담실은 여성폭력 신고 접수 및 즉각 출동과 수사를 위주로 하고 상담은 여성단체로 연계한다면 더욱 효과적일 것이다.

셋째, 〈여성대책 자문위원회〉를 보강하고 적극 활용해야 한다. 자문위원회의 연구가 연구로 그치지 않고 정책에 반영되어야 한다. 여성단체와 정기적인 간담회를 통해 여성문제의 현실을 이해하고, 경찰과 자문위원회가 함께 하는 워크샵을 통해 서로를 이해하고 교육하는 장이 정기적으로 마련되어야 할 것이다.

인천여성의전화 회보 〈물꼬〉 61호 (2001. 4)

어머니도 학교교육의 주체

학교운영위원회가 출범한 지 1년이 되었다. 관련단체나 기관에서는 평가작업이 한창인데 그리 긍정적인 평가는 내려지지 않는 모양이다. 학교운영위원회는 벌써 사회적으로는 무관심한 주제가 되어 버렸지만 우리 사회를 장기적으로 개혁하기 위해서는 이 문제를 진지하게 짚고 넘어가야 한다.

필자가 초등학교의 학부모 운영위원을 하면서 느낀 가장 큰 문제점은 크게 두 가지이다. 하나는 이 사회가 학교와 교육에 대하여 내리는 합의된 정의가 없다는 것이고, 또 하나는 학교와 교육에 대한 주체가 형성되어 있지 못할 뿐만 아니라 주체를 만드는 작업도 전혀 없다는 것이다.

교육이란 크게 말하면 인류사회를 지속시키기 위해 인류의 문화유산을 전수하는 작업이고 좁혀 말하면 한 사회를 재생산하는 구조이다. 그리고 옛날에는 교육이 개인 단위로 이루어졌지만 현대에 와서는 학교가 즉 사회가 그 작업을 위임받아 하게 되었다. 우리 사회의 교육이 파탄이 난 지는 이미 오래 되었다. 학교에 가서 필요한 것을 배우는 것이 아니라 학교 밖에서 모든 것을 배워 가지고 학교에 가서는 시험을 통한 평가만 잘 받으면 되게 되었다. 학교의 기능에 혼란이 생긴 것이다.

이렇게 학교의 기능에 이상이 생겼기 때문에 교육의 주체도 모호해졌다. 학부모가 교육의 현장에서 가장 크게 부딪히는 장벽은 바로 학부모가 교육의 전문가가 아니라는 생각이다. 그래서 학교운영위원회에서도 보조적인 역할을 자처할 수밖에 없게 되고 자기 아이가 볼모가 된다는 생각을 지울 수 없게 만든다. 교육이 현대사회의 주요한 역할이 되었다면 학교운영의 전문가는 과연 누가 될 수 있을까? 교사란 가르칠 것을 위임받은 사람이지 전문경영인은 아니다.

대부분의 가정에서 학교교육에 관계하는 사람은 어머니이다. 이때 어머니들은 아이들 뒷바라지 한다고 얘기된다. 교육을 사회적이고 공적인 작업으로 분류하면서도 그 담당은 어머니에게 맡기면서 가정에서 어머니들이 그러하듯이 학교에서도 사적인 뒷바라지나 하는 역할로 한정시킴으로서 교육의 가장 큰 책임자인 여성들을 교육의 주체가 되지 못하게 하고 있는 것이다.

학교운영위원회가 제대로 정착하지 못하고 있다. 그 가장 큰 원인은 여성들이 교육의 주체로 인정받지 못한 데 있다. 학부모들의 교육운동단체들이 있긴 하다. 그러나 현재 학교교육의 한 주체가 어머니들이라는 점을 고려하지 않고 교육에만 초점을 맞춘다면 현재 상태에서 더 이상 진전하기 어려울 것이다. 어머니들이 더 이상 어머니의 눈이 아닌 여성의 눈으로 학교교육을 볼 수 있을 때 학교운영위원회는 제 역할을 할 수 있을 것이다.

인천여성의전화 회보 〈물꼬〉 20호 (1997. 3)

학교운영위원회에 적극 참여하자

지금 우리 사회에서는 조용한 변화가 시작되고 있다. 이 변화에 주목하고 있는 사람은 그리 많지 않지만 이것은 장차 우리 사회를 근본적으로 바꾸어 놓게 될 것이다. 그것은 교육개혁의 일환으로 진행되고 있는 학교운영위원회(이하 운영위원회)이다.

이것을 95년도 시범실시 해본 결과에 대해서는 긍정과 부정의 평가가 엇갈리고 있다. 현실적으로 볼 때 부정적인 측면이 많은 것도 사실이다. 이것을 실시할 수 있는 의식수준을 외면하고 제도만 도입함으로써 내용 없는 껍데기가 될 우려가 있는 것이다.

지방자치가 시작될 때도 많은 어려움이 있었지만 짧은 시간에 지방자치는 우리 사회 곳곳에 많은 변화를 가져왔다. 그러나 지방자치만으로는 부족하다. 교육자치가 실현되어야 온전한 자치라고 할 수 있을 것이다.

운영위원회는 지금까지 교육현장에서 소외되어 있던 학부모와 학생을 교육의 주체로 세워 교육자치를 실시할 수 있는 기본토대가 되는 제도이다. 육성회가 학교를 지원하는 임의단체였다면 운영위원회는 학부모가 학교를 지원하는 데 그치지 않고 운영에 참여하는 법적으로 공인된 제도이다. 운영위원회는 학교 전체, 교사와 학생과 학부모를 지원하고 그들을 학교운영에 참여시킨다. 지방자치로 말한다면 의회의 역할을 하는 것이다.

운영위원회가 정착하여 제 기능을 발휘하려면 학부모들의 적극적인 참여가 필요하다. 육성회에서는 육성회 회원만 활동했지만 운영위원회에서는 학부모 모두가 참여할 권리와 의무를 가지고 있다. 그렇게 하기 위해서는 학부모회의 민주적인 조직과 운영이 관건이라고 생각한다. 운영위원회는 대표 몇 명만 활동하면 되는 것이 아니고 학부모회에서 선출된 대표들이 학부모들의 위임을 받아 운영위원회에 참여하는 것이므로 학부모들의 의견이 민주적으로 수렴되고 결의사항을 자발적으로 실천하는 학부모들의 높은 의식이 필요하다.

따라서 학부모회의 토대가 되는 학급학부모회를 민주적이고 활발하게 운영해야 한다. 그리고 공개의 원칙을 가지고 있는 운영위원회를 적극 방청하여 학부모운영위원들이 학부모들의 의견을 잘 반영하도록 도와야 한다. 또한 다른 학교와도 활발하게 정보를 교환하고 교육문제에 대한 연구도 해야 한다.

마지막으로 짚고 넘어갈 것은 학부모회의 회원이 주로 어머니들이라 해서 자칫 운영위원회를 여성들이 흔히 해왔던 자녀의 사적 양육의 영역으로 경시해서는 안된다는 것이다. 어머니들도 내 아이 뿐만 아니라 학교 전체를 보고 교육문제를 개선한다는 자부심과 사회적인 책임감을 가져야 할 것이다.

인천여성의전화 회보 〈물꼬〉 11호 (1996. 6)

못나도, 잘나도 인천시민

　건국 이후 제2의 최대 화재참사였다던 인현동화재참사가 일어난 지도 벌써 8개월째 접어들고 있습니다. 청소년들의 참혹했던 주검과 부상, 그리고 우리 사회의 총체적인 부패에 대하여 분노하던 시민여러분, 이제는 인현동이란 말조차 잊으셨지요?
　화재가 나자 원인을 총체적으로 파악하고 근본적인 대책을 세우기보다는 행여 책임의 불똥이 튈세라 사건을 종료하기 바빴던 행정 책임자들과 피해자를 탓하기 바빴던 시민여러분, 인현동의 불씨는 아직도 꺼지지 않은 채, 언제 다시 우리 아이들을 불태울 지 모르는 현실 한가운데에서 우리는 인현동화재참사를 잊어버렸습니다.
　다시는 이런 일이 일어나서는 안되겠다 모두 말했지만 진정 그렇게 되기 위해서는 사후 해결을 어떻게 하느냐에 달려 있습니다. 그런데 행정당국은 공무원 몇 사람 징계하고 호프집 주인과 14세 소년을 감옥에 보내는 것으로 발등의 불끄기에만 급급했습니다. 이 사건의 해결과정을 통해 위기를 복지행정의 기회로 삼으려는 인천시의 자세는 어디서고 찾아볼 수 없었고 빨리 보상처리해서 끝내고 잊어버리고자 했습니다.
　그러나 부상자들 전원은 앞으로 평생 장애를 안고 살아가야 하게 되었는데 보상도 받지 못하고 병원치료도 제대로 받지 못하고 있습니다. 부상자들은 장애로 인해 휴학을 하거나 제대로 학습 받기가 어려우며 그보다 더욱 미래에 대하여 절망하고 살아갈 의지조차 잃어버리고 있습니다. 간호하던 가족들도 기약 없는 간병에 지쳐 병들어가고 경제적인 어려움에 직면해 있습니다.

인현동화재가 불행으로 그치지 않으려면 인천지역사회 발전의 밑거름으로 만들어야 불행을 이기는 것입니다. 그러려면 피해자들의 문제를 개인적인 문제로만 보지 말아야 합니다. '개인적인 것이 정치적인 것'입니다. 이 사건과 그 속의 개인 한 사람 한 사람을 들여다보면 우리 사회의 문제가 총체적으로 녹아 있는 것을 알 수 있습니다. 개인의 문제인 동시에 우리 인천 지역사회의 문제인 것입니다. 개인의 문제를 해결하는 것이 사회의 문제를 해결하는 것입니다. 사망자 보상에 이어 부상자 보상을 마무리하는 것은 사건 해결의 끝이 아니라 유비무환의 시작입니다.

사망자 57명과 부상자 77명, 그리고 그 가족은 누구입니까? 그 누구도 아닌 바로 인천시민이요, 우리의 아이들입니다. 잘나도 인천시민, 못나도 인천시민입니다. 인천시민이 250만이라지만 이들은 결코 작은 작은 숫자가 아닙니다. 그렇다면 무엇보다도 인천시가 적극적으로 해결의 주체가 되어야 합니다. 지난 5월 3일 인천시는 부상자들의 청원을 받아들여 "청원의 내용상 예산이 수반되는 내용으로 시 집행부에서 처리함이 타당하다고 사료되는 청원으로서 사망자 보상기준에 부합되도록 전문인으로 하여금 전문적으로 재검토하도록 하여 부상자에 대한 보상이 적정하게 이루어질 수 있도록 합리적인 보상대책을 촉구하며 아울러 치료비는 우선, 보상협상이 완료될 때까지 지속적으로 지원하여 줄 것을 촉구"하였습니다.

인천 시민의 대변자인 인천시의회에서 이렇게 결의하였음에도 불구하고 인천시는 그 집행을 지연시키고 있습니다. 이는 인천 시민을 무시하는 행위입니다. 이에 저희 인천여성의전화는 외롭게 싸우고 있는 부상자와 그 가족들을 지원하고자 본회 홈페이지에 인현동화재참사 부상자들의 상황을 올려놓았습니다. 인천 시민 여러분의 큰 관심을 부탁드립니다.*

인천여성의전화 회보 〈물꼬〉 53호 (2000. 6)

---

*이 사건에 대해 필자는 2000년 제주인권학술회의에서 "인현동 화재참사 인권보고서"라는 제목으로 발표했으며 이 발표문은 『일상의 억압과 소수자의 인권』에 실렸다.

미인대회 꼭 해야 되나

21세기를 바라보면서 우리 사회도 많은 부분에서 여성을 인격적인 존재로 존중하는 성숙한 사회로 발돋움하고 있다. 그러나 유독 여성을 성적인 상품으로 전락시키는 미인대회는 공공연히 행정적인 지원을 받으면서 성행하고 있다. '인천여성발전을 위한 정책협의회'를 비롯해 많은 여성단체들이 오래 전부터 미인대회의 폐지를 주창해 왔으나 유감스럽게도 받아들여지지 않고 있다.

미인대회는 여자는 예쁘기만 하면 된다는 봉건적인 편견을 공공연히 조장하는 것이다. 여성이 지닌 많은 능력과 덕목 중에서 외형적인 미만을 중요시하여 '최고의 여성'을 선발하는 미인대회는 반여성적이며 반사회적인 행위이다. 이같은 미인대회가 여성취업자의 선발기준에서 능력보다 외모를 중시하는 풍조를 낳는 것이다.

또한 미인대회는 여성을 대중 앞에서 공공연히 성희롱하는 것이다. 주최측이 제시한 심사기준을 보면 '유방의 크기, 선은 자연스러운가.' '유방을 지나치게 노출시키기 위해 조작하지는 않았는가.' '허리의 선이나 사이즈는 굵지 않은가' '히프의 사이즈와 선 모양이 처지지는 않았는가.' '몸에 큰 상처나 큰 점은 없는가.' 등 마치 시장가서 과일을 고르거나 애완견을 살 때 유의할 점을 연상시킨다.

게다가 우리나라의 미인대회는 대부분 언론사가 주회하고 있다. 여성에 대한 성희롱과 성차별을 개선하기 위해 전사회적으로 노력하고 있는 이때, 민주사회 실현에 앞장서야 할 언론사가 여성을 성희롱하는 미인대회를 주최한다는 것은 심히 유감스러운 일이다.

이러한 미인대회를 필요로 하는 사람은 누구이며 이익을 보는 사람은 누구인가. 바로 영리를 추구하는 기업이다. 현재의 전 세계적인 모든 미인대회는 그것을 운영하는 전문회사가 있으며 날로 번창하고 있다고 한다. 독재정권 시절에는 미인대회가 국민의 저항정신을 꺾기 위한 환각제의 역할까지도 했다.

이런 미인대회를 시민의 세금으로 운영하는 자치단체에서 재정지원을 한다는 것은 시대 역행적인 발상이며 명백한 세금 유용이다. 현재 인천시 각 구청의 예산안을 보면 9개 구청에서 5,380만원을 지원하고 있다. 예산항목을 보면 미인대회 지원 업무가 구청의 경상업무임을 할 수 있다. (사회개발비, 일반행정비 등). 이 돈은 미인대회 출전자의 미용료, 드레스 대여, 구두준비, 지원금 등으로 1인당 150만원을 지원한다.

시민의 세금을 이런 일에 써도 되는지 과연 생각해 볼 일이다. 미인대회에 행정지원을 했던 것은 독재정권 시절의 유습이다. 이제 문민정부가 들어서고 지방자치가 도래한 현 시점에서는 마땅히 미인대회에 대한 재정지원은 중단해야 하며 각 구의회는 시민의 세금이 유용되는 것을 막아야 할 책임이 있다.

인천여성의전화 회보 〈물꼬〉 10호 (1996. 5)

4장

여성의 정치세력화, 멀고도 험하다

NGO의 시대와 여성

요즘 TV, 신문 등을 보면 예전과 다른 현상을 볼 수 있다. 아주 빈번하게 NGO활동이 소개되고 있는 것이다. 주로 경제위기 극복이나 정치개혁과 관련된 시민단체들의 활동소개를 위해 정기적으로 많은 시간과 지면을 할애하고 있다. 몇몇 신문은 지면을 별도로 신설하여 NGO의 활동을 폭넓게 소개하기도 한다. 나아가 일부 대학에는 'NGO학과'를 설치하는 등 전문적인 NGO를 양성할 준비를 하고 있다.

NGO란 Non Goverment Organization 즉 비정부기구란 뜻인데 내가 이해하기로는 정치적인 영향력을 갖되 시민사회 영역에서 활동하는 단체나 사람들을 말한다. 시민사회를 대표해서 정부나 기업에게 문제를 제기하고 해결하는 것이 NGO의 역할로서 여기에는 전문성이 요구된다. 우리 나라에서는 시민사회단체라는 용어와 함께 쓰고 있다.

그러나 우리에게, 특히 여성들에게 NGO란 말은 아직 낯설게 느껴진다. 그 이유는 두 가지이다. 하나는 NGO의 활동영역인 시민사회가 무엇인지, 우리의 시민사회가 성숙했다고 할 수 있는지 등등 아직 정립되지 못한 것이 많다는 것이다. 그것은 서구의 시민사회 형성과정과 우리의 역사적 배경이 아주 다른 데서 오는 것 같다. 그리고 7,80년대 민주화운동을 통하여 형성된 진보적인 그룹과 기득권을 유지해온 보수적인 그룹이 공존하는 상태에서 단지 정부기구가 아니라는 이유로 함께 묶기에는 색깔이 다르다는 점도 한 몫 한다.

다른 하나는 새롭게 형성되고 있는 시민사회에 여성이 구성원이 되고 있는가 하는 의구심이다. 지금 우리의 시민사회는 신자유주의적 세계화과정과 맞물려 형성되면서 여성의 빈곤화라는 형태로 오히려 여성의 시민사회 진입이 방해받고 있기 때문이다. 시민사회단체가 다루는 문제들은 우리 사회의 보편적인 문제라고 하는 것들이다. 그러나 신자유주의적 세계화 과정에서 강화되는 여성에 대한 폭력이나 여성고용에 관한 문제를 보편적인 문제로 다루지는 않는다. 그것은 여성들만의 문제, 따라서 여성단체에서 다루면 되는 특수한 문제로 취급된다. 그런데 여성들의 입장에서 보면 예를 들어 '소액주주운동'조차도 재산권은 여전히 남성에게 있으므로 남성들의 일로써 여겨진다는 것이다. 시민사회단체 안에서조차도 여성들의 입장을 반영하려고 하면 '피곤한 여성들의 상투적인 요구' 쯤으로 치부하고 만다는 것이다. 이렇게 가부장제 구조를 유지하고 있는 시민사회는 로마시대의 시민이나 자유민의 개념처럼 대산을 가진 남성만의 영역이 될 소지가 있는 것이다.

시민사회에 대한 논란은 차치하고, 시민권력이란 말이 나오고 국제사회에서는 이미 NGO의 역할이 증대하고 있는 만큼 우리 사회에서도 NGO의 비중이 커갈 것이다. 여성이라는 패러다임을 어떻게 적용할 것인가가 우리의 과제이다.

인천여성의전화 회보 〈물꼬〉 40호 (1999. 3)

정치개혁은 시민들의 손으로

총선시민연대가 정치개혁을 위한 낙천·낙선운동을 하고 있는 가운데 치러진 인천광역시 남동구청장 보궐선거의 투표율은 18.6%였다. 총선시민연대의 활동으로 불붙은 정치개혁의 열망과 당위성과는 달리 선거과정에서 나타난 시민들의 무관심은 무엇을 뜻하는 것일까?

이번 보궐선거에서 보면 많은 유권자들은 개혁에 실패한 현 정부에 대한 비난과 절망을 표현했다. 그러나 한편에서는 흑색선전에 동요되고 금품을 요구하는 유권자도 있었다. 유권자의 책임에 대해서는 반성하지 않고, 유권자는 모두 정당하고 정치인은 모두 나쁜 놈이라는 이분법적 사고를 가지고 있는 사람도 있었다. 나아가 정치에는 관심 없다는 태도로, 그리고 내가 아니더라도 하는 심정으로 투표에 참여하지 않았던 것이다.

그러나 전국에서 타오르기 시작한 정치개혁 열망이 시민단체들의 잔치만으로 끝나지 않기 위해서는 총선시민연대에 지지를 보내는 것도 중요하지만, 시민단체가 대신해 주겠지 하는 무임승차 의식은 버려야 한다. 시민단체들이 성냥불을 그어대기는 했지만 그 불을 살리느냐 죽이느냐 하는 것은 시민들의 손에 달려 있다. 옳다고 생각하면 적극적으로 행동해야 한다.

이번 낙천운동을 선거혁명이라고 한다. 혁명은 문제를 일시에 해결할 수 있는 장점이 있다. 그 대신 많은 사람들의 희생이 따른다. 그러나 이번의 선거혁명은 어느 교수가 말한 것처럼 어떤 희생도 치르지 않고 한 단계 전진할 수 있는 특징을 가졌다. 또한 그 혜택은 전국민 한 사람 한 사람 모두에게 골고루 돌아간다.

오는 4.13총선 날 투표장에 나아가 총선시민연대의 대의에 따라 붓뚜껑을 힘차게 누르는 것으로 선거혁명을 완성시키고 역사를 내 손으로 진보시켰다는 성취감을 맛볼 수 있는 기회 앞에 서 있는 우리들은 행운아들이다.

인천여성의전화 회보 〈물꼬〉 49호 (2000. 1)

민주여성, 민주시민의 실종

한나라당의 압승으로 2002년 지방선거가 끝났다. 인천시의 경우 시장과 시의원의 90%, 구청장과 군수 10곳 중 8곳을 한나라당이 차지했다. 구의원 또한 개인의 자질과 상관없이 전국적으로 한나라당이라고 추측되는 '가'번 후보가 대부분 당선되었다. 한나라당은 부패정치를 심판하자는 설득이 먹혔다고 자부하고 있다. 언론에서는 민심이 민주당에게 등을 돌렸다고 하는 등 온갖 평가를 양산해내고 있다.

그러나 문제는 이런 결과로 부패정치가 청산되고 수준낮은 정치현실이 개혁될 수 있는가 하는 것이다. 일방적인 힘쏠림으로 비판과 견제의 힘이 미약해져 오히려 부패가 심화될 수 있다. 더구나 현재의 부패정치의 근원에 뿌리박고 있는 한나라당이 부패정치를 청산할 수 있는 대안이 될 수 있는가? 우리가 원했던 것이 진정 이런 것이었는가? 악을 피하려다가 다른 악을 만난 것은 아닌가. 우리는 지금 우리가 한 행동의 결과에 대하여 스스로 놀라고 있다.

물론 민주당이 너무 잘못했다. 투표율은 사상 최하위이며 젊은이들은 거의 투표하지 않았다. 이 틈을 이용하여 보수세력의 대반격이 시작되고 있는 것은 아닌지 경계해야 한다.

이번 선거는 지난 30여년간 여성들이 치열하게 싸워 얻어온 여성의 정치세력화의 기초를 일순간에 무력하게 만들었다. 이번 선거 결과 인천시의회의 여성의원은 4명에서 2명으로 50% 격감했으며 29명중 2명으로 겨우 약 7%를 점하게 되었다. 이 과정에서 우리는 인천이 자랑스러워 했던 2선의 여성시의원 2명을 잃었다. 한 사람은 갑작스런 경선과정에서 남성중심인인 정당운영의 벽에 가로막혀 좌절해야 했다. 한 사람은 그저 민주당이 밉다는 생각에, 집권당이니까 당연히 1번인 줄 알고, 당연히 당선되리라 생각하고 투표장에 가지 않은 사람들 때문에 낙선했다.

이렇게 여성들이 탈락한 이유에 대하여 남성정치인들은 여성정치인들이 정당활동에 있어서 자질과 리더십이 부족하다는 것과 돈이 없어 선거를 치룰 능력이 되지 않는다는 것을 이유로 든다. 그렇다면 남성 정치지망생들은 과연 모두 자질이 있고 선거비용도 충분한가. 여성과 남성 일대일로 놓고 보면 여성후보의 자질이 더 뛰어난 경우가 많다. 다만 남성이 부족한 경우에는 주변의 지원이 따르지만 여성에게는 치명적인 약점이 된다는 것이 다를 뿐이다.

여성의 정치세력화를 위해 고군분투했던 여성단체들은 기존정당의 한계 때문에 무소속출마를 선택하거나 정책을 제안하는 선에서 만족할 수 밖에 없었다. 정당정치 구조에서 여성의 정치세력화를 위해서는 무엇보다 정당이 앞장서야 한다. 여성들이 정치세력화를 지향하면서 현실정치에서는 정치적 중립을 지킨다면 정당을 변화시키기 어려울 것이다. 여성들의 힘을 정치적으로 묶어내려면 후보를 내는 것과 동시에 정당이 여성을 '표'로 분명하게 인식하게 해야 한다. 즉 특정 정당이나 후보를 지지하는 적극적인 방법을 통하여 여성 30%할당을 이루어내야 할 것이다.

지방자치선거는 그야말로 우리의 살림꾼을 뽑는 일이다. 지난 지방자치 3기는 유난히 부정부패로 그 직을 잃거나 재판에 계류 중인 경우가 상당하였다. 인천시의 경우 인천시장은 이제 막 보석으로 풀려나온 상태이며, 시의회는 파행적으로 운영된 경우가 많았다. 임기 내내 파벌싸움과 폭력과 고소 등으로 얼룩진 구의회도 있었다. 이런 사태에 대하여 한나라당이든 민주당이든 책임을 면할 수 있는 정당과 인물은 없다.

이번 선거는 이런 단체장과 의원을 심판하고 제대로 할 수 있는 새로운 인물을 선택하여 앞으로 4년의 살림을 맡겨야 하는 중차대한 선거이다. 그런데 기성정치는 신물이 난다거나 부정부패는 싫다는 감정이 앞서 투표를 하지 않거나 특정정당에게 흑백논리적 일방 책임을 물어 정작 우리가 꼭 챙겨야 할 것을 놓치고 말았다. 4년 전에는 민주당에게 몰표를 주더니 이제는 반대가 되었다.

이제 견제와 비판의 역할은 우리 시민들이 해야 할 몫이 되었다. 한번 뽑아놓고 임기중에는 아무런 관심도 두지 않다가 선거때의 분위기에 따라 투표하는 것으로는 시민의 책임을 다했다고 할 수 없다. 요즘 월드컵이 한창인데 국민은 12번째 선수라고 한다. 지방자치에서 시민은 제3의 세력이다. 4년 후에 어떤 사람에게 표를 줄 지 지금부터 감시하고 평가하는 일만이 우리의 잘못을 만회하는 길이다.

민주당 여성핵심당원 워크샵 (2002. 6)

여성의 정치세력화 멀고도 험하다

대통령선거를 앞두고 우리나라의 정치에 노풍이라는 태풍이 불고 있다. 태풍이 불면 깊은 바닷물도 요동을 쳐 바다의 정화작용을 한다고 한다. 노풍이 우리나라 정치개혁의 태풍이 되기를 바란다.

그러나 이 바람이 미치지 못하는 영역이 있다. 그것은 여성의 정치세력화이다. 여성의 정치세력화는 두가지 방향으로 생각할 수 있는데 여성후보의 발굴이 하나요, 여성들의 정치의식을 높이는 것이 또 하나다. 우리는 그동안 전자에 주력해왔다. 여성할당제 30%제가 그 대표적인 것이다. 작년에 민주당과 한나라당은 비례대표에 여성을 50%까지 할당하겠다는 획기적인 결정까지 한 바 있다.

그러나 6월 지방자치선거를 앞두고 경선과정에 있는 여성후보들이 과연 얼마나 본선까지 갈 수 있을지 심히 걱정스럽다. 자금과 조직에 있어 절대 열세인 여성들은 이미 경선과정에서 탈락되어가고 있다. 여성후보를 지지하던 사람들도 이것은 여성후보의 '개인적 조건'이니 어쩔 수 없다고 한다. 이번 선거에서 여성의 정치적 진출은 오히려 후퇴할 지도 모르겠다. 할당제가 정착되기도 전에 밀어닥친 시장논리에 의한 완전자유경쟁에 의한 경선은(경선제의 긍정적 의미를 부정하려는 것이 절대 아니지만) 여성의 정치세력화에 있어 극복해야 할 큰 벽임에는 틀림이 없다.

여성할당제 30%와 더불어 여성에 대한 잠정적 우대조치가 도입되어야 한다. 민주당은 몇 년전부터 대의원의 30%는 여성을, 30%는 40세 미만의 청년으로 구성하도록 의무화하고 있으며, 최고위원도 여성후보자 중에 최다득표자 1인을 반드시 당선시키는 제도를 도입하고 있다. 그 결과 정당의 많은 부분을 차지하고 있는 여성들이 정당의 의사결정과정에 참여하는 훈련을 받을 수 있게 되었다. 그러나 이것만으로는 부족하다. 미국의 '에밀리 리스트'란 여성단체는 정치후원금을 모아 경선단계에서부터 자금이 취약한 여성후보를 지원·선전하고 여성후보들이 진보적인 성향을 유지할 수 있도록 정책자문과 감시를 하고 있다. 대만에서는 비례대표의 수를 늘리고 그중 일정부분을 여성으로 하도록 의무화하여 여성정치인의 비율을 높이고 있다.

잠정적 우대조치는 역차별이 아니다. 여성이 남성의 권력을 빼앗아 갖겠다는 것은 더구나 아니다. 현대사회의 많은 문제를 해결하기 위하여 그동안 사장되었던 여성의 능력과 힘이 필요하기 때문에 남성과 함께 새로운 권력을 만들어 나가자는 것이다. 남성에게 일방적으로 유리한 남성중심의 규칙으로 무장되어 있는 정치세계에서 여성들이 뛰려면 남성의 규칙을 익히는 것도 중요하지만 여성에게 불리한 규칙을 바꾸는 것도 반드시 필요하다. 바둑에서도 급수에 따라 약한 쪽에서 돌을 미리 두고 시작한다. 이것이 공정하고 평등한 것이다.

여성에 대한 잠정적 우대조치가 밑바닥에서부터 세심하게 제도화되고 의식화되지 않으면 제도가 아무리 좋아도 현실은 바뀌지 않을 것이다. 특히 정당들은 선거제도와 당의 구조와 제도부터 할당제와 더불어 잠정적 우대조치를 적극 도입해야 할 것이다. 이번 지방선거에서 여성후보들이 선전할 수 있도록 아낌없는 박수를 보내자.

인천여성의전화 회보 〈물꼬〉 71호 (2002. 4)

국가보안법과 서갑숙

　우리는 과거는 야만이고 현대는 문명이라고 믿어왔다. 그리고 미래는 더욱 발전한 사회가 될 것이라고 믿어 의심치 않고 있다. 그러나 우리는 이미 현재가 과거보다 우월한 것이 아니라는 것을 알게 되었다. 발전이란 이름의 결과가 낳은 문제를 우리는 고스란히 겪고 있다. 그래서 21세기는 전혀 새로운 세계가 아니라 우리가 지금까지 해온 것을 반성하는 시대가 되어야 한다는 것이 '성찰적 근대'라는 말의 의미이다. 행복의 21세기를 맞이하려면 '밀레니엄 파티'를 기획할 것이 아니라 조용히 성찰의 시간을 가져야 할 것이다.

　그러나 요즘 우리들은 보면 '무늬만 21세기'인 것 같다. 그 좋은 예가 국가보안법과 『나도 때론 포르노그라피의 주인공이고 싶다』의 저자 서갑숙씨에 관한 요즘의 반응이다. 국가보안법은 일제시대 독립운동가들을 잡아들일 목적으로 만들어진 '치안유지법'을 모태로 하여 만들어진 반공법의 연장으로 우리 현대사를 피로 얼룩지게 만든 가공할만한 법이 되었다.

　새 정부가 들어서고 세계화의 추세를 더 이상 거스를 수 없어 북한과의 교류가 활발해졌다. 정주영 현대 명예회장은 북한을 제집 안방처럼 드나들고 수천 명의 관광객이 금강산을 구경하며 "멋지다"는 찬사를 연발하고 있다. 세계화는 민족과 국가라는 틀을 없애고 세계가 한 국가처럼 되자는 것이다. '반국가'라고 한다면 이 같은 반국가범죄가 또 있을까? 그런데도 한편에서는 반국가의 죄와 북한에 대한 고무찬양, 간첩불고지죄를 벌하는 '국가보안법'이 시퍼렇게 존재하고 있다. 국가보안법으로 평생을 감옥에서 산 분도 계시고 국가보안법을 폐지시키기 위해 삭발에 단식 농성하는 사람들이 있다.

　이것은 분명히 모순이다. 시대는 변하고 있는데 법과 생각은 따라가지 못해서 생기는 모순인 것이다. 북한은 적인 동시에 교류해야 할 이웃이 되고 만 것이다. 또 북한에 가족을 두고 온 사람들은 오매불망 북한의 고향을 그리워하면서도 현실에서는 북한을 적으로 간주하고 대치하고 살아야 한다. 왜 우리는 북한에 대해서만 이런 분열적인 사고를 해야 할까? 이 모순이 바로 '국가보안법'이 폐지될 수 밖에 없는 필연성이다.

　아차, '국가보안법'이 폐지되면 간첩은 어떻게 잡느냐고 걱정하는 분들이 있다고 한다. 그러나 걱정할 필요가 없다 "간첩은 형법 제98조 간첩죄로, 대학민국 전복세력은 형법 제89조 내란죄로, 군사상 적에게 이익을 준 자는 형법 제99조로 처벌하면"된다. (정말 이상한일 한 가지, 호주제도 그렇고 국가보안법도 그렇고 왜 우리는 일제시대 만들어진 법은 신주단지 모시듯 하는 걸까?)

　서갑숙씨에 대한 우리 사회의 호들갑도 마찬가지다. 그 책이 놀랄만한 내용을 담고 있기는 하지만 우리 사회에서는 일어나지 않는 외계의 일을 기록한 것도 아니고 평범하게 살고 있는 한 여성이 자신의 경험을 솔직하게 공개한 것 뿐이다.

　정말 걱정해야 할 땅에 떨어진 성윤리는 따로 있다. 10대(지금까지 적발된 가장 나이 어린 소녀는 12세) 소녀를 옆에 앉혀놓고 술을 마시고 성관계를 가져야만 되는 사람들, 세계적인 동물학대국가로 낙인찍힐 정도로 정력을 위해서 온갖 동물을 잡아먹는 사람들, 온갖 추잡한 일은 다하면서 겉으로만 근엄한 척,

도덕군자인 척하는 위선자들이다. 아마 그들은 서갑숙씨에게 돌을 던지고 돌아서는 즉지 그 책에 얼굴을 파묻었을 것이다. 얼마 전 'O양의 비디오' 사건이나 '빨간마후라' 사건 때에도 우리 사회는 말세라고 호들갑을 떨면서도 모두 그 비디오를 훔쳐보느라 정신이 없었다.(진짜 이상한 일 또 한 가지, 이런 일이 일어나면 왜 언론은 꼭 여성단체의 의견을 묻는 것일까?)

이제 우리가 성찰해야 할 것은 우리 내면에 또아리를 틀고 있는 낡고 독선적인 기준에 대해서이다. 세계는 변하고 있다. 말 그대로 변하고 있을 뿐이다. 그것은 좋다, 나쁘다 하는 가치판단의 대상이 아니다. 우리는 현재의 기준이 진리라는 착각을 하고 산다. 그러나 그 기준이란 내 가치를 중심에 놓은 척도가 아닌가. 기준이 달라지면 동양이 서양이 되고 서양이 동양이 된다. 또 동양도 서양도 아닌 제 3자가 될 수도 있다. 다원적 중심의 세계가 될 21세기를 담을 새 부대는 무엇이 될까?

인천여성의전화 회보 〈물꼬〉 47호 (1999. 11)

박정희의 망령과 박근혜

최근 박근혜 의원은 아버지 박정희 전 대통령을 걸고 정치적 홍정을 하고 있다. 박근혜 의원은 한나라당의 이회창 총재를 비롯 여러 정치적 거물들에게 박정희 전 대통령에 대한 입장을 분명히 하라고 압박을 가하면서 초당적으로 자식의 정치적 입지를 굳히려고 애쓰고 있다.

정치인이 정치적 행보를 하는 것에 대해서 우리가 관심을 가지는 것이 아니다. 단지 죽은 박정희 전 대통령의 망령이 우리 사회를 지배하려는 것을 단호하게 거부하려는 것이다.

박근혜 의원의 압력에 견디다 못한 이회창 총재는 "산업화와 근대화의 토대를 구축하고 경제를 발전시킨 점을 높이 평가하고 존경한다. 그러나 그 분의 민주주의에 대한 생각에는 동의할 수 없다"(경향신문 6. 6)고 어정쩡한 답변을 하였다. 독재자라고 평을 하자니 영남의 표가 화를 내고, 긍정적인 평가를 하자니 자신도 독재자의 이미지를 뒤집어쓸까 진퇴양난이 되었다.

과연 박정희 전 대통령이 개인의 역량이 탁월하여 경제를 발전시켰을까? 현재의 경제위기를 보면서 아니라는 답이 분명해진다. 많은 경제학자들이 우리나라의 경제도약은 70년대 세계 자본주의 경제질서의 재편과정에 편승한 결과이며 그 결과 만들어진 개발도상국은 그 후 대부분 IMF 경제위기를 맞고 말았다는 점을 지적하고 있다.

빠른 경제발전을 위하여 박정권은 온갖 특혜와 비리로서 재벌을 키웠고 그 재벌로부터 정치자금을 만들어 20여 년 간의 군부독재를 유지할 수 있었다. 그 바탕에는 세계 최고의 저임금, 장시간 노동이라는 노동자들의 희생이 깔려 있었다는 것은 누구나 다 아는 사실이다.

이제 더 이상 정부의 특혜와 노동자의 희생을 기대할 수 없게 되자 재벌은 흔들리면서 경제 전반에 영향을 미치고 있는 것이다. 특히 인천경제를 궁지에 몰아넣고 있는 대우는 정부의 특혜금융으로 부실기업을 대량 인수하여 순식간에 커진 재벌이다. 그만큼 몰락의 속도도 빠른 것이다. 경제발전의 공로보다는 희생과 부작용이 더 크고 간과할 수 없는 것이다. 오히려 그 죄를 물어야 한다.

지금 경제가 어렵다고 해서 과거가 좋았다고 하는 것은 해방 후 살기 어렵다고 일제시대가 좋았다고 했던 것과 같다. 좋았던 과거는 곧 박정희 전 대통령의 공로라는 해괴한 발상은 곧 그 시대의 권력을 회복하려는 자들의 음모이다. 박근혜 의원은 이런 음모에 희생되지 않기를 바란다.

박근혜 의원이 아무리 독재자의 딸이라 해도 정치할 권리는 있다. 그러나 박근혜 의원이 아버지를 내세우며 정치 거물들의 집을 찾아다니고 있는 TV 뉴스를 보면 마치 자신을 팔아 구걸하는 것처럼 보인다. 당당히 자신의 힘으로 건강한 정치인으로 성장하기를 바란다.

인천여성의전화 회보 〈물꼬〉 63호 (2001. 6)

정치적으로 올바른 검찰 인사와 개혁

검사들이 신임 법무부장관의 인사에 강력하게 반기를 들었다. 여러 가지 그럴싸한 이유를 들고 있지만 핵심 이유는 인사원칙으로 제시된 '기수파괴' 때문이다. '기수'란 무엇인가? 사법시험에 합격하여 연수원에 입학한 순서이다. 아무 의미없는 '사실'일 뿐이다. 이런 '기수'가 검찰총장을 가부장으로 한 기득권 유지, 권력행사의 수단이요, 적장자에게 권력승계, 재산상속을 하기 위한 신분제도, 서열화의 기반으로 자리잡았다.

거기다 '나이'라는 원칙까지 더해진다. 사법고시 합격생이 연수원에 입학하면 바로 동기회장이 뽑히는데 그 선임원칙은 '최연장자'이다. 민주주의의 한 축인 사법부 구성원의 첫출발인 연수원에서의 첫 인사가 가장 가부장적인 방식인 것이다.

그동안 검찰의 인사원칙이었던 '기수'는 바로 검찰 가부장제의 핵심이며, 검찰이 집단으로 배타적 권력을 확보하는 중요한 수단이다.

또한 우리는 가부장제가 여성에게 가하는 차별과 폭력의 경험을 통하여 가부장제는 권력의 서열화로 인하여 필수적으로 차별과 폭력을 동반한다는 것을 알고 있다. 이미 검찰 내부에는 폭력적인 차별이 만연해 있고 내재화된 폭력성은 수사과정에서의 인권침해라는 고질병으로 나타나고 있다. 그런데도 검사들이 이러한 차별을 감수하고서라도 기득권을 지키고 싶어한다는 것이 9일의 토론회를 통하여 분명히 드러났다. 신분을 보장해달라고 읍소하였던 것이다.

'기수'파괴는 검찰개혁의 핵심이다. 그리고 '기수'라는 기득권에서 자유로운 사람만이 기득권을 파괴할 수 있다. 과연 남자 검사중에 이 기득권으로부터 자유로운 사람이 있을까? 가장 좋은 문제해결법은 그 문제에 직면하는 것이다. 노대통령은 정답을 알고 있고 실천했다. 여성을 장관으로 임명한 것이다.

강금실 법무부장관은 검찰의 가부장으로서 임명된 것이 아니라 현 정부가 지향하는 모든 개혁의 '지표'로 파견된 것이다. 가부장제에 빚지지 않은 남자는 하나도 없으므로 남자들끼리의 개혁은 절대 성공하지 못한다. 여성과 남성의 싸움으로 비쳐지는 것을 두려워하지 말고 여성적 당파성을 분명히 해야 할 때다.

이것은 정치적으로 아주 올바르다. 여성운동이 우리 사회에서 하고자 하는 일, 여성주의적 제도와 가치가 사회개혁의 새로운 패러다임이 되게 하고자 하는 바, 바로 그것의 모델이다. 이런 의미에서 나는 강장관이 혼자 싸우도록 내버려 두어서는 안된다고 생각한다. 여성운동단체들은 강장관의 진정한 힘은 노대통령의 신임이 아니라 여성들에게서 나오는 것이라는 것을 먼저 검찰에게, 그 다음에 국민에게 알려야 한다. 그리고 강장관이 여성들로부터 개혁의 힘을 얻도록 실질적인 도움을 주어야 한다. 강장관 또한 자신이 여성임을 잊지 않는 것이야말로 검찰개혁의 방향성과 철저성을 잃지 않는 장치임을 놓치지 않도록 부탁한다.

한국여성의전화 홈페이지 (2003. 2)

여성정치인 육성의 요람되길

　세분의 사례를 감명깊게 들었습니다. 출마를 앞두고 있는 많은 여성후보들에게 좋은 귀감이 되리라 생각합니다.
　저는 여성단체의 입장에서 몇 가지 말씀드리겠습니다. 한국의 여성정치세력화는 여성운동의 꾸준한 노력으로 신장되어 왔습니다. 특히 지난 2004년 총선에서는 전국의 모든 여성세력들이 단결(맑은넷)하여 비례대표 50%를 여성으로 할 것을 각 정당에 요구하고, 비례대표 후보리스트(100인)를 만들어 정당에 추천하는 등의 노력을 기울인 결과 여성의원비율을 2%대에서 6%로 끌어올렸습니다.
　그러나 2006년도 지방선거를 앞두고 지금 여성단체들은 사기를 잃고 있습니다. 무엇보다 가장 큰 장애는 현재의 선거제도입니다. 국회의 정치개혁특위에 기대에 못미치는 결과를 내고 말았습니다. 여성의 정치진출을 위한 적극적이고 근본적인 제도개선이라기 보다는 기존의 문제점들을 조금 손질한 것에 불과하기 때문입니다. 현재 논의되고 있는 선거구, 경선제도, 진성당원제, 의원유급제, 기초의원 정당추천제 등이 진보적인 측면이 있는 것이 사실이지만 실제 현장에서는 여성에게 불리하게 작용되고 있는 현실을 목도하면서 많은 여성단체들이 사기를 잃게 된 것입니다. 여성단체들은 각 정당을 방문하여 내년 선거에서 여성후보를 많이 낼 수 있는 적극적 방안을 모색해 줄 것을 요청했지만 '정당의 조건이 허락하는 한'에서라는 답을 들었을 뿐입니다.

오늘 발표를 통하여 저는 다음과 같은 것을 다시한번 확인하게 되었습니다. 열린우리당과 우리리더십센타가 1주년을 기념하면서 꼭 배워야 할 것이라고 생각합니다. 첫째, 일본의 마쓰시다 정경학교나 호주의 LUCY, GirlSavvy와 같은 여성정치인 육성시스템이 필요합니다. 우리리더십센타가 정당의 한계를 벗어나 여성정치인 육성기관으로 성장하기를 바랍니다. 둘째, 호주 노동당이 여성정치인 35%라는 정책목표를 세운 것처럼 확고한 정책목표를 세워야 합니다. 열린우리당이 2006년도 지방선거에서 여성후보를 30%이상 내도록 정책목표를 세우고 제도를 개선하는 데 우리리더십센타가 역할을 해주리라 믿습니다. 셋째, 여성의 눈으로 본 생활 속에서 나온 정책만이 유권자에게는 진실로 통할 것이라는 점입니다. 우리리더십센타가 여성후보만이 아니라 여성유권자교육과 생활정책 발굴의 통로가 되기를 바랍니다.

부디 이 토론회가 형식으로 끝나지 않고 여러 가지 제안들을 수렴하여 큰 성과를 거두기 바랍니다.

열린우리당 우리리더십센타 개원 1주년 기념 초청토론회 (2005)

남편 대신 출마한 아내는
여성의 정치세력화에 무슨 도움을 줄까?

얼마 전 끝난 구로 보궐선거에서 한나라당은 바로 보궐선거를 있게 한 장본인인 이신행 전 의원의 부인인 조은희씨를 후보로 내세웠다. 아마도 이신행 전 의원에게는 죄가 없다고 생각하여 부인을 내세우면 동정표도 얻고 여성표도 자극할 것이라고 기대했는지도 모르겠다. 몇 년 전에도 같은 일이 있었다. 감옥에 갇힌 박철언 의원의 부인이 대리 출마하여 당선되어 몇 달간 의원노릇을 한 적이 있었다. 그 부인은 남편이 출소하자마자 남편에게 실질적으로 의원자리를 내주고 자신은 이름만 갖고 있다가 임기를 마쳤다. 지금은 아무도 그녀를 기억하지 않는다.

물론 이런 예는 다른 나라에도 얼마든지 있다. 필리핀의 아키노나 인도의 인디라 간디, 미얀마의 아웅산 수지가 그렇다. 그러나 형식은 비슷하지만 내용은 아주 큰 차이가 있다. 이들은 남편이나 친정집안의 정치적 후광으로 정치를 시작하게 되었지만 결국에는 자신의 정치리더십과 정치철학을 확립하여 훌륭한 정치지도자가 되었다.

한나라당에서 여성의 정치참여 확대를 위해 조은희씨를 후보로 선택한 것은 물론 아니다. 오히려 정상적인 선거였다면 아무리 여성들이 할당제 30%를 외치며 여성에게도 지역구공천을 달라고 요구해도 눈 하나 깜짝 안 했을 것이다.

조은희씨도 자신의 정치적 능력이나 비전을 고려하기보다는 남편을 위하여 내조한다는 생각이 더 많았으리라. 조은희씨가 얻은 것은 과연 무엇일까? 남편을 위해 헌신하는 현모양처라는 칭찬일까? 그 칭찬은 패배의 아픔을 겪고 있을 그녀에게 얼마나 위로가 될까? 그리고 그녀는 영원히 잊혀질 것이다.

이번 보궐선거를 보면서 여성으로서 참으로 씁쓸했다. 여성의 정치세력화란 공허한 구호일 뿐일지도 모르겠다는 자괴감, 또 한 여성이 남성중심 정치의 소모품으로 희생되는 현실에 대한 분노, 그리고 시작이 어떠하든지 그것을 자기 것으로 비약시켜 내지 못하는 우리 여성들의 빈곤한 정치적 상상력이 너무도 아프게 느껴졌다.

구로 보궐선거 이틀 전에 날아온 외신 한편은 우리를 한없이 부끄럽게 만든다. 수지 여사는 죽음을 앞둔 남편 곁으로 한번 떠나면 당국의 방해로 다시는 조국, 미얀마 땅을 밟을 수 없음을 알기 때문에 출국을 거부했다. 수지 여사는 옥스퍼드대 유학 중 아리스를 만나 72년 결혼했다. 아리스의 열렬한 구애에 수지 여사는 '언젠가 조국이 나를 필요로 하면 헤어질 수밖에 없다'는 조건을 달고 결혼을 승낙했다. 행복했던 결혼생활은 88년 수지 여사가 노모의 간병을 위해 미얀마로 돌아왔다가 전국민적 민주화 열기에 휩쓸려 민중운동의 지도자로 떠오르면서 막을 내렸다. 결국 수지 여사는 남편의 부음을 듣고 짤막한 성명을 발표하는 것으로 남편을 떠나 보냈다(중앙일보 3. 29).

인천여성의전화 회보 〈물꼬〉 41호 (1999. 4)

5장

평화롭고 평등한 가정 만드는 디딤돌을 놓으며

부부농사

예전에는 결혼할 때 검은 머리가 파뿌리가 되도록 사랑하겠느냐고 주례가 엄숙하게 물었었습니다. 요즘 그렇게 물으면 다들 웃습니다. 비현실적이라는 것이죠. 그렇죠. 아무리 사랑해서 결혼한다 하더라도 부지런히 노력하지 않으면 사랑의 약효는 1-2년에 불과합니다. 결혼은 사랑의 완성이 아니라 시작입니다.

우리의 부부들은 자식들을 위해서는 모든 것을 바쳐도 부부관계를 증진하기 위해서는 노력하지 않습니다. 게으른 부부들은 문제가 생겨도 모르고 안다 해도 해결하려고 노력하지 않습니다. 남자와 여자가 결혼만 하면 저절로 살아지는 것이 아닙니다. 세상에는 결혼을 방해하는 요소들이 너무나 많습니다. 결혼생활은 평생 노력해야 하는 것입니다. 노력하겠다는 서약이 필요합니다. 신랑, 신부는 검은 머리가 파뿌리가 되도록 사랑을 증진시키기 위해 노력하겠습니까? 네, 이제 약속하셨으니까 노력하는 방법을 알려드리겠습니다. 노력의 비법은 부부농사입니다.

첫째, 땅을 깊게 파십시오.

요즘 부부문제의 대부분은 남편과 아내 역할의 기대가 서로 다른 데서 오는 것이 많습니다. 개인의 성격문제라고 생각하기 쉽지만 이것은 남녀불평등한 가부장적인 가족제도가 원인인 경우가 많습니다. 그래서 부부농사를 시작하기 위해서는 성 불평등의 사회구조적인 원인을 깨닫고 인식의 전환을 가져오는 것입니다.

불평등한 사회제도는 사랑의 씨를 뿌릴 수 없는 자갈밭이나 암반과 같습니다. 여기에 농사를 지으려면 자갈을 골라내고 단단해진 흙을 깊게 파엎어서 부드러운 흙으로 만들어야 합니다. 게으른 아들을 둔 아버지에 대한 이솝 우화를 아시죠? 아버지는 밭에 보물을 숨겨두었다는 유언을 남기고 죽습니다. 그러자 게으른 아들은 그 보물을 찾기 위해 밭을 구석구석 깊이 파헤쳤습니다. 보물은 못 찾았지만 이듬해 봄 씨를 뿌리자 가을에 풍성한 수확을 하게 되었다는 이야기죠. 그러면 골라내야 할 돌은 무엇일까요. 그중 첫째는 **성차별적인 편견입니다**. 남편은 이래야 하고 아내는 저래야 한다는 성역할 고정관념입니다. 세상은 하루가 다르게 변하고 있습니다(이혼율, 결혼관계의 변화 등). 우리나라 사람들만큼 그 변화를 잘 따라가는 사람들도 없습니다. 그 힘으로 세계 30위권 안에 선진국이 되었습니다. 그러나 생각만큼은 아직도 5-60년대에 머물러 있습니다. 특히 결혼에 대한 남성들의 고정관념이 여성들과 다른 점이 많습니다. 다음으로는 성숙한 결혼을 방해하는 **비합리적인 사고들을 부수어야 합니다**. 사랑은 영원하다, 부부는 일심동체이고 이심전심이다, 나는 항상 행복해야 하고 잘 되어야 한다는 등의 비합리적인 사고들은 문제를 바로 보는 것을 방해합니다.

둘째, 열심히 잡초를 뽑아주어야 합니다.

이 단계는 나를 알고 성장시키는 단계입니다. 자신을 발전시키는 일을 게을리 하면서 상대만 바라보고 의존하게 되면 서로에게 짐이 되고 갈등의 원인이 됩니다. 자신의 단점과 부족함을 직면하고 자신을 돌보아 주어야 합니다. **내공**

이 든든해야 남의 허물도 너그러이 볼 수 있고 남의 잘못도 용서할 수 있습니다. 내공이란 갈등을 해결할 수 있는 힘입니다. 옛말에 광에서 인심난다고 했습니다. 우리의 정신세계도 마찬가지입니다. 자신이 채워진 사람만이 남에게 사랑을 나누어 줄 수 있습니다.

마지막으로 퇴비주기를 게을리해서는 안됩니다.
비료를 잘 주어야 농산물이 잘 자라듯 부부 사이에도 비료를 적당하게 주어야 합니다. 화학비료보다는 **퇴비**가 좋습니다. 쾌락적인 자극이나 돈, 명예, 권력 등이 화학비료라면 퇴비는 부부가 함께 성장하기 위해 노력하는 것입니다. 결혼은 두 바퀴로 가는 수레와 같습니다. 한쪽이 기울면 문제가 생깁니다. 서로에 대해 잘 알기 위해 노력하고 두 사람의 관계를 살찌우기 위해 노력해야 합니다.
대개 사람들은 결혼식이 끝나면 서로에 대한 관심을 중단하고 일과 생활에 몰두하게 됩니다. 각자 외도하지 않고, 수입이 늘고, 월세에서 전세, 전세에서 내 집으로 옮겨가고, 아이들이 별 탈 없이 자라고, 한집에서 먹고 자고 살다보면 결혼생활이란 자동세탁기처럼 저절로 돌아가는 것이라고 착각하게 됩니다. 그러나 그렇게 살다보면 어느 날 문득 남편이, 아내가 낯선 타인으로 느껴질 때가 옵니다. 이것이 갈등의 시작이지요. 그때 노력하면 너무 늦습니다.
부부생활의 퇴비는 **대화**입니다. 말로 하는 대화와 감정과 느낌을 나누는 무언의 대화가 있습니다. 이 두 가지가 합쳐져야 대화라고 할 수 있습니다. 상대의 말에 집중하여 경청하고 그 느낌을 공감하고, 비판하지 않고 있는 그대로 수용하는 것입니다. 그리고 서로의 몸을 만져주는 일입니다. 백 마디의 말보다 따뜻하게 잡아주는 손이 더 큰 위로가 됩니다. 엄마손은 약손이라고 하죠. 사랑하는 이의 스킨쉽보다 더 훌륭한 대화는 없습니다.

퇴비로 키운 부부농사의 열매는 부부간의 깊은 우정입니다. 미운 정 고운 정 끝에 오는 것이 우정입니다. 여기 이효빈, 김정원 두 분도 검은 머리가 파뿌리가 될 때까지 함께 부부농사를 열심히 지어 열정적인 사랑과 깊은 우정을 나누면서 행복하게 살기 바랍니다.

주례사 (2002)

결혼에 대하여

오늘 결혼식을 보고 놀라신 분이 많으실 겁니다.
처음 보는 결혼식이죠?
사회도 여성, 주례도 여성,
앞으로 진행될 순서에도 여성이 많이 등장합니다.
신부와 제가 어려운 여성들을 위해 활동하는 여성단체에서 일하고 있기 때문입니다.
그래도 이런 진행을 할 수 있도록 배려해주신 양가 부모님께 감사드립니다.
거제도는 제가 신혼여행 온 곳입니다.
덕분에 결혼한 이후 처음으로 거제도에 와볼 수 있게 되었습니다.

촛불을 밝히기 위해 입장하신 양가의 부모님들,
부부가 함께 입장한 느낌이 어떠세요?
오늘 이렇게 순서를 짠 것은 신랑, 신부입니다.
양가 부모님이 함께 입장하시는 것을 보니 저는 신랑, 신부가 부모님의 사랑과 은혜에 마음 깊이 감사드리고 있고 부모님들께도 결혼의 설레임을 다시 맛보게 해드리고 싶어 하는 신랑, 신부의 마음이 느껴졌습니다.

저는 신부와 같은 직장에서 10년이 넘게 일해왔습니다.
신부가 신랑을 만나 오늘 결혼하기까지의 과정을 옆에서 지켜보았습니다.
어려운 일도 많았고, 힘든 일도 많았습니다.
그러나 서로에 대한 사랑과 믿음으로 삶을 잘 가꾸어내는 것을 보았습니다.
그래서 먼저 진심으로 두 분의 결혼을 축하드립니다.
그리고 제가 아주 좋아하는 두 분의 결혼주례를 맡게 되어 영광입니다.

보통 결혼 주례는 신랑, 신부가 얼마나 훌륭한 사람들인가를 말해야 합니다만,
저는 특별한 주례이기 때문에 다른 주례는 절대로 볼 수 없는
저만 볼 수 있는 것을 말씀드리겠습니다.
그동안 제가 옆에서 지켜본 바로는
신랑 편도헌, 신부 최미란,
이 두 사람은 이 세상 어느 누구보다도 서로에게 없어서는 안 될 사람입니다.
제가 보기에
신랑 편도헌에게 신부 최미란은 편도헌을 가장 편도헌답게 해주는 사람입니다.
신부 최미란에게 신랑 편도헌은 숨쉬는 공기와 같은 사람입니다.
또한 두 사람은 우리 사회에 꼭 필요한 사람들입니다.
신랑은 친절하고 스마트한 경찰이며,
신부는 답답하고 힘든 여성들을 돕는 여성운동가입니다.

주례로서 한 가지만 부탁한다면
이제 이 결혼을 통하여 신랑, 신부가 부모님과 가족들에게도,
지금까지 그래왔지만 앞으로는 더욱더 꼭 필요한 사람이 되시길 바랍니다.

저는 올해 결혼 28주년을 맞이합니다.
저의 부모님은 저의 결혼을 무척 반대하셨습니다.
반대하는 이유가 무척 많았습니다.
그때는 부모님이 단지 반대하기 위하여 그런 이유를 대시는 것이라고 생각했습니다.
이제 28년을 살고 보니, 그때의 이유들이 다 의미가 있고,
새겨들을 만한 것이라는 생각이 듭니다.
이제는 부모님 중 한 분은 이 세상을 떠나시고 한 분은 제게 의지하고 사십니다.
아무 힘이 없게 되신다는 것을 잊지 마세요.
아마도 지금까지는 부모님의 마음을 아프게 한 적이 많았을 겁니다.
이제부터는 부모님의 뜻을 헤아려 드리는 일이 더 많기를 바랍니다.

결혼생활에 있어서는 두 분이 잘하실 거라고 믿습니다.
그래서 두 분들에게 가장 잘 어울리는 시를 한편 읽어드리는 것으로
이 주례사를 마감하겠습니다.
칼릴 지브란이란 레바논의 시인이 쓴 '결혼에 대하여'입니다.

결혼에 대하여

그대들은 함께 태어났으며, 또 영원히 함께 할 것입니다.
죽음의 흰 날개가 그대들의 삶을 흩뜨려버릴 때까지.
신의 말없는 기억 속에서까지도 영원히 그대들은 함께 할 것입니다.

그러나 그대들이 함께 있음에는 간격이 있어야 합니다.
하늘의 바람이 그대들 사이에서 춤출 수 있도록..

서로 사랑하십시오.
그러나 사랑에 구속되지는 마십시오.
그대들의 영혼의 기슭 사이에 출렁이는 바다를 두십시오.

서로의 잔을 가득 채우되 어느 한쪽의 것만을 마시지 마십시오.
서로가 자기의 빵을 주되 같은 조각만을 먹지 마십시오.
함께 노래하고 춤추며 즐기되 각기 혼자 있게 하십시오.
음악은 하나의 기타로 연주 될지라도 줄은 따로 있는 것처럼.

서로에게 마음을 주십시오.
그러나 간직하지는 마십시오.
오직 생명의 손길만이 그대들의 마음을 지닐 수 있는 것처럼.

함께 서 있으십시오.
그러나 너무 가까이는 서지 마십시오.
사원의 기둥들이 그러하듯이
참나무와 사이프러스 나무는 서로의 그늘에선 자라지 못하는 법입니다.

주례사 (2007)

평화롭고 평등한 가정 만드는 디딤돌을 놓으며

지난해 갑자기 불어닥친 IMF한파로 인해 가정폭력과 성폭력이 증가하고, 향락산업이 증가하면서 어린 여성들이 향락산업으로 대거 유입되고 있다. 또한 이혼이 증가하고 실직가장의 가출, 여성실직가장의 증가 등으로 빈곤여성층이 증가하는 등 여성인권이 전반적으로 악화되고 있다. 사회에서는 이를 '가정의 위기'로 규정하고 우려하는 목소리가 높아지고 있다.

우리 사회의 부부들은 자율적이고 성숙한 관계를 맺는 훈련을 받지 못하고 가부장적인 권위와 질서의 힘으로 살아왔다. 경제위기는 그런 관계의 틀을 깨고 있다. 전통적인 가족관계, 성역할 등이 무너지면서 가정의 위기, 가족의 해체로 확대되고 있다. 당장 실직을 당하지 않더라도 수입 감소, 실업의 위협, 사회불안 등에서 파생되는 불안감, 상실감, 위기감 등이 가족구성원 각각에게 영향을 미치고 이런 상황에서 부부나 부모 아이들은 어떻게 관계를 맺어야 할 지 혼란에 빠지는 것이다.

현대 사회에서 가정은 평화로운 안식처로 칭송을 받아왔다. 그러나 한 꺼풀만 벗겨보면 주부의 일방적인 헌신과 희생, 봉사가 없었다면 평화로운 안식처를 유지할 수 없었음을 알 수 있다. 구성원 중에 어느 한 사람이라도 불평등한 관계에 놓인 사람이 있을 때 그 사회의 평화는 위장된 것이고 그 평화는 언제라도 깨질 수 있다.

이제 여성운동은 적극적으로 비전을 제시해야 한다. 가부장적인 인간관계를 바로잡고 나면 인간관계는 어떻게 되어야 하는지, 인간과 자연, 인간과 사회의 관계는 어떤 관계가 되어야하는지 보여주어야 한다. 정상과 비정상, 건강과 병, 문제와 해결 등으로 이원화시켜 해결하는 것이 아니라 건강한 사람과 병든 사람이 함께 어울려 서로 치료하고 모색하는 것이다. 현상의 문제해결과 동시에 우리가 지향하는 비전을 제시하는 일이 동시에 진행되어야 한다. 이것이 우리가 지금 '가정'이란 화두를 붙잡는 이유이다.

인천여성의전화 회원들이 몇 차례의 토론을 통해서 '평화롭고 평등한 가정 만드는 디딤돌'을 만들었다. 토론에서 나눈 디딤돌은 다음과 같은 것이다.

가족 구성원 각각의 자율성이 존중되면서 공동체로서의 돌봄과 나눔이 살아있는 가정으로 그 가정은 혈연 중심이고 배타적인 가족이기주의로 똘똘 뭉친 가족과 달리 이웃이나 사회를 외면하지 않는다.

가정은 사회의 기본 단위이지만, 사회의 통념에 좌우되지 않는다.

남성중심적인 수직적이고 일방적이며 경쟁적인 관계를 떠나 상호적이고 수평적이며 함께 성장한다는 가치를 실천한다.

우선 손쉽게 실천할 수 있는 일부터 정리해 본 것이다. 읽는 분들이 디딤돌을 더해 준다면 망망대해도 건널 수 있게 될 것으로 기대한다.

인천여성의전화 회보 〈물꼬〉 37호 (1998. 11)

쉬운 이혼은 없다

　최근 이혼급증이 우리 사회의 주요 이슈가 되더니만 급기야는 이혼숙려기간 도입을 골간으로 하는 민법개정안이 예고되었다. 그러나 이혼제도 개정논의만 무성했을 뿐 정작 이혼의 실상을 보려는 노력은 부족했던 것이 사실이다. 이제라도 이혼에 대하여 도덕적 판단이 아닌 사실로서의 현실을 냉정히 보아야 할 것이다.
　이혼이 지탄받는 가장 큰 이유는 이혼으로 가족이 해체된다고 보기 때문이다. 과연 그럴까? 정부 통계에 의하면 남녀 모두 초혼 구성비는 낮아지고 있는 반면, 재혼 구성비는 꾸준히 높아지고 있다. 1994년 남성은 9.2%, 여성은 9.1%였던 재혼 구성비가 2004년에는 남성 18. 2%, 여성 20.4%로 역전했을 뿐만 아니라 10년 전에 비해 2배 이상 증가했고 여자의 재혼이 더 활발하게 이루어지고 있음을 알 수 있다. 이혼 후 가족이 그대로 흩어지는 것이 아니라 활발히 재구성되고 있는 것이다. 이혼은 가족해체가 아닌 결혼해체일 뿐이다.
　이혼율이 급증하는 이유는 당사자들이 이혼에 대해 진지하게 생각하지 않고 감정적으로 경솔히 판단하는 데다가 현재의 협의이혼제도가 이혼을 너무 쉽게 허용하기 때문이라는 것이 이혼숙려제 도입론자들의 주장이다. 경솔한 이혼이라 하면 결혼 기간도 짧은 젊은 사람들의 감정적이고 즉흥적인 이혼을 떠올리게 된다. 그러나 통계를 보면 그 실상은 아주 다르다. 평균 초혼연령과 이혼연령이 모두 상승하고 있다. 평균 초혼연령을 보면 여성은 1987년 24.5세에서 2004년 27.5세로 3.0세 상승했으며 남성은 27.3세에서 30.6세로 3.4세가 상승했다. 평균 이혼연령 역시 1987년 남자 36.2세, 여자 32.1세로부터 꾸준히 상승해 2004년 현재 남자는 41.8세, 여자는 38.3세이다.

이렇게 평균 이혼연령이 상승한 것은 평균 초혼연령이 상승한 탓도 있지만 결혼기간이 길어진 것이 더 큰 이유이다. 2004년 이혼한 부부의 동거기간을 보면 4년 이하 함께 살았던 비율은 25.2%로, 1994년 33.7%에 비해 크게 감소하였으나 20년 이상 함께 살았던 부부의 비율은 1994년 7.2%에서 2004년 18.3%로 2.5배 증가하였다. 이혼부부의 평균 동거기간도 1994년 9.1년에서 2004년 11.4년으로 꾸준히 증가해왔다. 즉 동거기간이 짧을수록 이혼율은 감소하고 동거기간이 길수록 이혼율은 증가했다는 것을 알 수 있다. 30대에 결혼하여 평균 11년 이상 동거한 40대 부부가 이혼하는 것을 경솔하다고 할 수는 없을 것이다.

또한 이혼사유로는 '성격차이'가 49.4%로 가장 크게 차지하고 있다. 정부통계가 성격차이의 구체적인 내용은 언급하고 있지 않지만 20년 이상 동거한 부부의 이혼율이 10년 만에 2배 이상 증가한 것은 '성격차이'가 순간적인 감정이 아닌 갈등의 누적과 개인의 심리, 정서적인 이유를 뛰어넘는 사회구조적인 원인도 있음을 암시하는 것이라 하겠다. 이들에게는 혼인기간 자체가 이혼숙려기간이었을 것이다. 따라서 이혼은 혼인 중에 생긴 문제를 해결하는 하나의 방식으로 보아야 한다. 이혼하기로 합의하고 자녀양육에도 합의했는데 단순히 이혼을 재고해 보기 위해 1~3개월의 숙려기간을 가지는 것이 무슨 도움이 되겠는가?

따라서 새로운 이혼제도는 이혼과 가족 재구성 과정을 원활히 돕고 이 과정에서 자녀를 비롯하여 구성원 누구도 인권피해를 입지 않도록 하는 데 초점을 두어야 할 것이다.

이혼은 사회악인가

지난 1월 22일, 서울가정법원은 협의이혼 시 시범실시 해오던 1주일의 숙려기간이 너무 짧다고 판단되어 오는 3월부터 3주일로 늘리기로 했다고 발표했다. 관련하여 현재 이은영 의원이 대표발의 한 '이혼절차에관한특례법안'(이하 이혼절차법) 외 1개 법안이 발의되어 있다.

그동안 이혼숙려제의 필요성과 실효성 등에 대해 문제제기를 해온 우리들은 충분한 검토없이 이 제도를 확대하는 것을 우려하지 않을 수 없다. 단지 9개월의 시범실시 기간 동안에 이혼신청 취하율이 증가하였다는 것만으로 마치 이혼율이 급격히 감소한 것처럼 발표하고, 아직 상정도 안 되었을 뿐만 아니라 반대 여론도 만만치 않은 법안을 근거로 그 기간까지 연장하겠다는 것은 통계적 허구로 국민을 기만하려는 처사라 하지 않을 수 없다.

이혼절차법의 핵심은 이혼숙려제로, 현재의 협의이혼절차가 너무 간단하여 경솔한 이혼을 막을 수 없으므로 3개월의 숙려기간을 갖게 하고 그 기간 동안에 (유료)상담을 받게 한다는 것이다. 이 제도에는 너무나 많은 논쟁점들이 있으나 간단히 몇 가지만 짚어보기로 한다.

먼저 이혼숙려제 도입의 배경에는 이혼의 증가라는 사회적 현상과 이혼에 대한 부정적 인식(이혼은 일탈이며 경솔한 행동이므로 막아야 한다)이 깔려 있다.

이혼의 증가를 어떻게 보아야 하는가? 부부간의 문제가 늘어난 것인가 아니면 문제해결을 위한 적극적인 노력의 결과인가? 과연 이혼은 가족해체이며 사회의 위협인가? 한국의 가족은 이혼, 저출산을 통해 급격히 재구성되고 있다. 변화의 소용돌이 한가운데 서 있는 이들에게 우리가 해주어야 할 것은 무엇인가? 이혼에 따른 제반사항(경제적 문제, 자녀 양육 문제, 정서적 문제, 주거 문제 등)을 조정하고 사회적 지원(공적 서비스)를 하기 위한 '이혼조정절차법'이 필요하다.

다음은 국가가 개인의 사생활에 어느 만큼 개입할 수 있는가 하는 문제이다. 정통 자유주의 입장에서는 절대 개입할 수 없으며 다른 사람에게 해를 끼칠 경우에만 최소한도로 개입할 수 있다. 근대결혼의 상징은 자유연애, 자유결혼이다. 결혼과 그로 인해 만들어지는 혈연가족은 근대사회가 창조한 사적 영역, 즉 프라이버시 공간이다. 결혼이 자유면 이혼도 자유다. 이혼을 숙려해야 한다면 결혼도 숙려해야 한다.

다만 이혼으로 가장 큰 영향을 받는 사람이 있다. 자녀들이다. 현재의 이혼절차에서도 양육에 관한 합의를 조건으로 하고는 있지만 형식적이며 합의를 지키는 사람(대개 남편)은 드물다. 그래서 이혼절차법에서는 이 부분을 강조하면서 미성년자녀를 둔 경우 반드시 상담을 하고, 양육에 관한 합의서를 제출하지 않으면 이혼할 수 없도록 하고 있다. 이것은 피해를 준 사람이 배상하라는 자유주의적인 해결책이다. 이혼 당사자들의 자발적 결정에 대해서는 깊이 개입하면서 오히려 영향을 받는 자녀문제에 이르러서는 소극적으로 당사자들이 알아서 해결하라는 것이다. 이혼절차법은 아동 양육 합의 절차에 대해서는 아무런 언급도 하지 않고 있다. 그러나 바로 이 부분에서 우리는 국가가 강력히 개입해야 한다고 주장한다. 아동과 청소년 문제는 개인이나 한 가족의 문제가 아닌 사회의 책임으로 받아들여 총괄적인 지원시스템을 만들어야 한다. 일차적으로 부모가 책임져야 하겠지만 그럴 상황이 아니라면 다양한 사회적 지원이 제공되어야 한다. 그것은 이혼하려는 부부의 의무가 아닌 아동의 인권인 것이다.

  마지막으로 모든 국민에게 영향을 미칠 중요한 법안을 반대에도 불구하고 굳이 강행하려는 이유가 무엇인가(2004년을 고비로 이혼율은 감소하고 있는데도 말이다)를 생각해봐야만 한다. 누가 강행하고 있는지, 이 제도를 통하여 이득을 얻게 될 사람들은 누구인지 묻고 싶다.

  50년 전 민법을 만들 때와는 시대가 바뀌었으므로 이혼절차도 당연히 바뀌어야 한다. 그러나 충분한 시간과 논의를 통해 합의를 만들어야 한다. 이혼숙려제 논의는 그 논의의 단초를 제공했다는 것으로 그 역할을 훌륭히 해냈다. 이제부터 본격적으로 논의를 시작하자.

국민일보 (2006. 1. 26)

이혼숙려기간제도, 이혼막지 못한다

　법원은 현행 이혼제도에 문제가 있어 이혼이 조장되거나 이혼으로 인한 피해가 확산되고 있기 때문에 개선작업을 서두를 필요가 있다고 전제하고, 경솔한 이혼과 이혼에 따른 부작용을 방지 하고 미성년 자녀의 복지를 보호하며 이혼 당사자들의 권리확보와 가족들의 행복추구를 위하여 이혼숙려기간을 도입하여 이혼을 막아야 한다고 주장하고 있다.
　결론부터 이야기하자면 이혼숙려기간제도로 이혼을 막지 못하며 또한 이혼은 어떻게 해서든 막아야 하는 것이 아니다. 한 사람의 행복을 위해서 결혼을 유지하는 것이 좋은지 이혼하는 것이 좋은지를 누가 판단할 수 있는가.
　결혼에 대해서는 두 가지 관점이 존재한다. 먼저 결혼과 이혼은 개인의 선택의 문제이며, 남녀가 만나는 다양한 방법 가운데 하나라고 보는 관점이다. 다른 하나는 결혼은 인간의 본성에 근거한 영구불변의 자연스런 제도라고 보고 인간은 누구든지 마땅히 결혼하여야만 한다는 관점이다. 후자는 기존에 있어왔던 것이고 전자는 최근에 생긴 개념이다. 그러나 후자 역시 태고적부터 존재했던 것은 아니고 산업시대에 들어와 확고해진 통념이다. 그 이전에는 동서양을 막론하고 누구나 결혼할 수 있었던 것은 아니었다는 것이 많은 연구를 통해 밝혀지고 있다. 산업시대에서 사람들이 결혼해야만 하는 이유는 남자는 가사노동을 해주는 사람이 필요하고 여자는 경제활동을 하기 어려워 돈벌어오는 사람이 필요하기 때문이다.

후자의 관점은 이혼은 사회문제로, 가족해체의 문제로 해석되고 이혼하는 사람들은 일시적인 감정으로 경솔한 이혼을 선택하고 이혼한 것을 후회한다고 해석한다. 즉 이혼의 개인적인 이유에 주목한다.

법적으로 혼인관계라 해도 실질적으로 해체된 채로 살아가는 가정이 많다. 이런 사람들에게 행복은 무엇이며 왜 그런 결혼을 유지해야만 하는지 생각해 보아야 한다. 이혼을 쉽게 생각하거나 쉽게 결행하는 사람은 없다. 누구에게나 고통이다. 이혼할 수 밖에 없는 마지막 순간에 이르러서야 선택한다. 이혼이 쉽다? 지금도 충분히 어렵다. 오히려 결혼은 쉽다. 그렇다면 역설적으로 결혼숙려기간도 필요하다. 결혼은 불행한 이혼의 시작이니까. 또한 이런 생각의 기저에는 타인에 대한 자만심, 엘리트의식, 특히 여성은 경솔하고 감정적이라는 여성에 대한 우월의식이 엿보인다. 경솔하게 판단했기 때문에 이혼하고 나서 후회하는 것이 아니다. 진심으로 전 배우자가 그립다면 재결합한다. 후회하게 되는 것은 경제적인 어려움, 아이들 양육의 어려움, 사회의 편견, 정서적 외로움 등의 복합적인 원인 때문이다. 이런 문제가 사회제도적으로 해결되면 후회하지 않는다. 이혼을 막아서 이런 어려움을 막을 것인가, 이혼을 하더라도 이런 어려움을 겪지 않게 해 줄 것인가의 문제이다.

이혼의 원인 및 증가이유는 사람들이 경솔해서도 아니고 이혼절차가 너무 간단해서도 아니다. 지금의 가족제도가 행복을 주지 않기 때문이고 결혼을 유지하는 사회 경제적인 이유와 제도가 설득력을 잃었기 때문이다. 즉 이혼의 사회 경제적인 이유에 주목한다.

미성년 아동에 대한 책임은 국가와 부모, 모두에게 있다. 저출산이 사회적 위기로 인식되는 것은 근본적으로 아동이 우리 사회의 구성원이기 때문이다. 그래서 출산과 양육, 교육은 사회의 공적 문제이다.

이혼시 자녀에 관한 합의서를 내지 않으면 이혼할 수 없게 한다면 아동에 대한 책임을 개인에게 떠맡기고, 국가는 책임을 지지 않겠다는 것이다. 이혼시 자녀책임에 합의할 수 없는 어려운 상황의 부부는 어떻하나, 이미 여러 사례가 보여주듯이 고아원에 맡길 수 밖에 없다. 국가가 책임질 수 없으니 이혼하지 말고 살면서 아이를 양육하라는 것이다. 이는 자녀양육의 책임은 어머니라는 전제가 깔려 있는 것이다. 이 때문에 여성들은 자녀들 때문에 이미 파탄난 가정을 억지로 유지해왔다. 남편의 폭력이나 학대를 아이들 때문에 참으면서, 아무리 결혼생활이 어려워도 아이들을 희망으로 삼고 이혼만은 하지 않았다.

이혼 시 미성년자녀의 보호는 반드시 필요하다. 그러나 미성년 아동은 부모의 결혼여부와 상관없이 사회적으로 양육되어야 한다. 더구나 자녀학대가 있는 경우 숙려기간 동안 양육책임을 기피하더라도 강제의 방법이 없고, 이혼 시 학대부모는 양육책임을 지기 어렵다. 이런 자녀를 보호 양육할 사회적 장치를 먼저 만들어야 한다.

가정폭력 피해자의 경우 즉각적인 위기개입이 필요하다. 폭력이 일어난 부부에게 숙려기간이나 부부상담, 부부캠프 등은 실행 자체가 어렵다. 폭력남편에 대한 상담수강명령도 효과적으로 수행되고 있지 않다. 이들에게 이혼숙려기간을 예외로 해준다고 하더라도 예외를 적용하기 위한 절차 자체가 피해여성에게는 고통이 될 것이다. 오히려 가정폭력이 증가할 것이다.

이혼은 누구에게나 고통이며 도움이 필요하다. 그러나 이혼을 제도로는 막지 못한다. 막을 필요도 없다. 이혼하지 않으려고 하는 사람, 이혼하고자 하는 사람 각각에게 필요한 사회적 지원을 하면 된다. 따라서 이혼하고자 하는 사람에게 이혼에 앞서 당사자들의 권리확보와 가족구성원의 행복추구를 위해 필요한 정보들을 제공해주는 공적 법률서비스가 필요하다.

우먼타임스 (2004. 12)

추석에 생각하는 호주제

추석이 다가오고 있다. 이 사보의 편집자는 내게 '고향' 혹은 '추억'이란 주제로 글을 써달라고 부탁하였는데 아마도 이 때문이 아닐까 싶다. 나는 출생지와 성장지가 서울이다. 그리고 인천남자와 결혼하여 인천에서 생활한 시간이 이제는 서울에서 살았던 시간보다 많아졌다. 고향에서 계속 살고 있다는 정서가 지배적이어서 이런 요청을 받으면 여간 난감한 것이 아니다. 이런 주제에 걸맞는 어릴 적 경험이 기억나지 않기 때문이다.

우리가 고향에 대해서 가지고 있는 정서와는 달리 이번 추석은 여느 때와는 달리 무척 시끄러울 것으로 예상된다. 올 정기국회에 여성계와 법무부는 호주제 폐지안을 상정하였는데 대부분의 여성들은 호주제폐지에 찬성하는 것에 비하여 대부분의 남성들은 반대하고 있기 때문이다. 국회의원 250명 가운데 64명만이 호주제 폐지에 찬성하고 있다. 여성의원은 전원 찬성하고 있지만 현재 우리나라 여성의원은 2%에 불과하다. 전국의 유림은 결사저지, 절대불가를 외치고 있다.

호주제는 말 그대로 제도로서 한 인간이 이 땅에 존재하고 있다는 것을 알려주는 제도이다. 그런데 우리 나라의 호주제는 그 인간이 어느 가(家)에 속해 있으며 그 가의 호주, 즉 대표, 책임자, 보호자는 누구인가에 더 관심이 있다. 우리 헌법은 우리나라가 자유 민주주의 국가임을 천명하고 있다. 민주주의는 개인을 기초로 하는 제도이다. 그리이스, 로마가 민주주의의 발원지라고 하지만 당시의 투표권은 시민권자, 즉 가부장에게만 부여되었다. 민주주의 가장 근본이 되는 것은 참정권, 보통선거권, 1인 1투표권이다.

'삼종지도'란 말이 있다. 이 말을 꺼내면 "요즘 세상에 가당치 않다"고 누구나 코웃음을 칠 것이다. 그렇다. 요즘 여성들은 그야말로 '여성상위시대'를 만끽하고 있으며 어느 여성이 삼종지도를 지키려고 하겠는가? 그러나 삼종지도를 강요하는 것이 바로 호주제이다. 우리 나라 사람들이 두려워하는 것 중의 하나가 호적에 빨간줄 쳐지는 것이다. 여성들이 가장 가슴 아파하는 말 중의 하나는 '호적 파가라'는 말이다. 그것은 아버지 호적에서 제외된다는 것이며 남편 호적에서 지워진다는, 즉 공적 사회에서 존재를 부정당하는 경험이다. 현대 사회에서 무호적은 생물학적으로는 존재하더라도 사회적으로는 존재하지 않는다는 사망선고이다. 호주는 남자만이 될 수 있다. 그래서 3살 된 아들이 자기 어머니의 호주가 되는 것이다.

민법에서 말하는 가(家)란 현실에서 만나는 가족이 아니라 한 성을 사용하는 가문으로서 성(性)은 가부장(家父長)의 이름이며 가부장의 이름으로 가족 구성원의 이름을 대신하는 것이다. 유럽 귀족가문들의 문장 성격과 같다.

우리가 맹세할 때 흔히 쓰는 말로 "내 손에 장을 지진다" "성을 간다"라고 한다. 존재에게 고통을 주거나 부정한다는 뜻이다. 이름을 바꾼다는 것은 정체성이 달라진다는 것이다. 이름은 한 존재를 상징하는 것이다. 아버지의 성만 따른다는 것은 남성의 존재만 인정한다는 것이다. 그래도 우리나라 여성들은 서양 여성들에 비해 결혼해도 자기의 이름을 유지하니 우리나라 여성의 지위가 서양 여성보다 높다고 말하는 사람이 있다. 엄밀히 말해서 현재 여성의 이름은 자기

아버지의 이름이지 여성 그 자신의 이름이 아니다. 그러니 서양의 남자들은 딸을 결혼시키면서 소유권 이전을 분명히 하는 반면 우리나라의 남자들은 소유권을 계속 유지하는 것이므로 오히려 우리나라 남자들의 권한이 더 크다고 할 수 있다.

성이란 이름의 한 부분이다. 서양에서는 성은 첫 이름(first name), 이름은 끝 이름(last name)으로 나눈다. 또한 성은 이름보다 나중에 생겼다. 우리 역사서를 보더라도 임진왜란 이후에 성씨 제도가 확립되고 있음을 알 수 있다. 이름의 역할은 한 인간의 존재를 대표하는 것이다. 그 인간이 어느 가문에 속해 있는지를 알려주는 가호(家號)가 봉건시대도 아닌 현대에 굳이 필요할까?

추석이면 으레 민족의 대이동이 있다. 추석이 되어 고향에 가는 기혼여성들 대개는 자기의 고향이 아닌 남편의 고향에 가는 것이다. 여성에게 있어서 결혼이란 지금까지 살아 온 고향을 떠나(出家) 남편이 사는 곳으로 가는 것이다. 호적을 파서 남편 가문에 올리지만 성이 다른 사람으로서 친정에서나 시집에서나 외인(外人), 즉 권한이 없는 사람으로 살아야 한다. 오히려 결혼한 여성의 성을 남편의 성으로 바꿔주어 한 가족임을 인정하는 것이 훨씬 인간적인 것이다.

지난 8월 11일 호주제폐지안이 국회 법사위에 상정되던 날, 한 남성 의원이 이렇게 말했다. 호주제는 우리 사회의 기본원칙이다. 왜 지금까지 아무 문제없던 것을 문제로 만드느냐. 그 답변을 이 자리를 빌어 말한다. 남성에게는 원칙이고 문제가 아니었지만 여성들에게는 원칙이 아니며 언제나 문제였다고, 다만 남자들의 기득권이었을 뿐이라고, 이제 그 기득권을 포기해야 할 시기가 왔을 뿐이라고. 그러나 이제서야 문제라고 말할 수 있게 되었다고.

호주제는 인간의 본질이 아닌 규칙을 표현하는 것이다. 그리고 규칙은 영원 불변한 것이 아니라 상황에 맞게 변할 수 있어야 좋은 규칙이다. 우리나라 국민의 절반을 차지하는 여성들이 호주제라는 규칙을 바꾸자고 제안하고 있다. 그리고 우리나라 여성들은 이미 고전적인 저항을 시작했다. 출산율의 저하와 결혼의 거부이다. 외국 여성들을 아내로 맞이해야 하는 한국 남성들이 빠르게 증가하고 있으며 독신가정의 증가도 병행하고 있다. 게다가 이혼율도 급증하고 있다. 결혼하더라도 아이를 낳지 않고 있다. 세계 최저의 출산율임은 이미 모두가 우려하고 있는 바이다. 여성들이 아이를 낳지 않는다면 남성들이 그렇게도 중요하게 여기는 대(代)도 끊긴다. 대를 잇기 위해 여성들이 아들을 낳을 때까지 출산을 한다거나, 첩을 얻는 것을 용인한다거나 하는 호시절은 이미 옛이야기가 되었다.

한국산업은행 사보 (2003)

이 사람의 가족은 누구인가요

하나씨는 20대 중반, 한 직장에서 만난 남자와 결혼하여 30년을 살면서 아들 하나, 딸 하나를 두었습니다. 결혼하기 전에는 부모님의 사랑 속에 행복한 미래를 꿈꾸며 살았으나 결혼 후에는 차고 독선적이며, 자신과 어린 아이들에게까지 심하게 폭력을 행사하는 남편 때문에 눈물이 마를 날이 없었습니다.

그럭저럭 먹고 살만했지만 IMF가 터지자 부도가 나서 남편은 사업을 접었습니다. 남편의 폭력과 의처증은 더욱 심해졌습니다. 신발도 못 신고 도망쳐서 찜질방에서 며칠씩 숨어있어야만 하는 일이 생활이 되었습니다. 남편은 새로운 사업을 시작하면서 하나 씨와 성인이 된 아이들의 명의로 카드를 만들어 운영 자금을 조달했습니다. 아이들과 하나씨의 카드빚이 수천만 원에 이르렀고 결국 모두 신용불량자가 되었습니다.

하나씨는 마침내 결심했습니다. 딸과 의논한 끝에 작은 가방 하나 겨우 들고 집을 나와 여성단체가 운영하는 쉼터로 갔습니다. 여성단체의 도움을 받아 1년 만에 간신히 이혼을 했습니다. 그러나 하나 씨는 갈 곳이 없었습니다. 그때 우연히 이 소식을 들은 한 친구가 5년 간이나 자신의 집에 머물 수 있도록 해주었습니다. 그동안 남편의 보복이 두려워 자식은 물론 친정 가족에게조차 거처를 알리지 못했고, 주민등록도 말소된 채 지내야 했습니다. 그 사이 하나씨의 딸이 결혼을 하여 손자를 보게 되었습니다. 이제 하나씨는 예순 살을 넘겼고 딸과 함께 살고 있습니다.

이제 하나씨는 편안하게 살게 되었을까요? 가정의 달이라고 하는 5월에 하나씨의 일생에서 부모 형제, 남편, 여성단체, 친구, 딸, 누가 과연 하나씨의 진정한 가족이었을까 생각해 봅니다.

가톨릭 서울주보 (2007. 5. 3)

6장

폭력, 외면하지 맙시다

폭력, 외면하지 맙시다

　5월은 가정의 달이라고 한다. 어린이날, 어버이날, 스승의 날이 들어있기 때문이다. 여성의전화는 5월을 '가정폭력없는 평화의 달'로 정하고 전국에서 가정폭력을 없애기 위한 다양한 캠페인을 벌이고 있다.
　여성의전화는 지난 20여년간 가정폭력추방운동을 벌여왔다. 가정의 해체를 방지하고 폭력의 확대를 방지하기 위한 가정폭력방지법도 제정되었다. 전국에 250여개의 가정폭력, 성폭력상담소가 활동하고 있다. 그러나 가정폭력, 성폭력은 계속 증가하고 있다.
　그 이유로는 무엇보다도 우리 사회와 개인의 삶에 만연되어 있는 폭력성을 들 수 있다. 우리 사회는 오랫동안 독재적이고 권위적인 경쟁사회가 지속되면서 협력과 협상의 관계가 아닌 위압과 폭력의 관계가 일상화되었다. 한편에서는 폭력이 "따귀 한 대쯤", "사랑의 매" 등으로 합리화되고 또 한편에서는 카드빚 갚기 위해, 유흥비를 벌기 위해 사람을 죽이는 것도 흔한 일이 되었다. 요즘 아이들의 대화를 들어보면 욕이 반이다. 부모는 아이들에게 소리부터 지른다. 학교에서는 단체기합이 보통이다. 이런 일상에서의 작은 폭력을 폭력이라 생각지 못하고 방치한 결과이다. 바늘 도둑이 소도둑되고, 첫 단추를 잘못 꿴 결과이며, 세 살 버릇이 여든까지 간 것이다.

우리 사회와 개인의 삶에 만연되어 있는 폭력성을 줄이기 위해서 해야할 일은 우선 우리 주변에서 일어나고 있는 폭력과 그 현장에 관심을 가지는 것이다. 평소에는 그럴 수 있는 일, 그러려니 하고 지나치던 이웃집의 요란한 부부싸움, 어린 아이의 이상한 상처, 거리에서 싸우는 남녀, 어두운 뒷골목, 지하실, 엘리베이터 등에 관심을 갖고 폭력이 일어나고 있는지 확인하는 것이다. 그리고 폭력이 일어나고 있다면 외면하거나 피하는 것이 아니라 경찰에 신고하여 중단시킬 수 있는 용기를 갖는 것이다.

지난 해 4월 인천지방 경찰청은 산하 파출소마다 부녀자율방범대를 조직하고 이어서 9월 부녀자율방범대가 여성아동지킴이로 활동하도록 위촉하였다. 이 여성아동지킴이의 활동이 가정폭력, 성폭력 등 여성과 아동에게 일어나는 폭력들을 예방하는 데 큰 효과가 있을 것이라 기대한다.

인천여성의전화 회보 〈물꼬〉 72호 (2002. 5)

일상 속에 스며있는 폭력을 직면하자!

　세계보건기구(WTO)는 「폭력과 보건에 관한 세계보고서」(중앙일보 10. 4)를 통해 다음과 같이 우리에게 경고하고 있다. "폭력으로 인한 사망자가 전세계적으로 연간 165만명을 넘는다… 이 보고서가 가정폭력과 자살에 대한 금기를 깨는데 도움이 되기를 희망한다… 폭력은 이제 우리 생활의 한 단면으로 숨기기보다는 털어놓고 함께 고민해야 할 문제이다."
　이 보고서는 마약·알코올과 관련된 폭력, 권총 등 무기에 의한 폭력, 자살, 아동에 대한 폭력, 여성에 대한 폭력을 심각한 폭력으로 주목하고 있다. 마약·알코올·무기에 의한 폭력은 10~20대 사망과 살인자의 38%에 달한다. 자살자는 연간 폭력 희생자의 절반을 차지하고 있다. 증가추세에 있는 아동에 대한 폭력은 특히 한국부모의 67%가 훈육을 위해 아이를 때린 적이 있다고 지적하고 있다. 여성에 대한 폭력은 위험수위에 달해 4명의 여성 중 1명이 성폭력을 포함한 폭력을 당한 경험이 있는 것으로 나타났다.
　폭력의 관점에서 보면 일상 속에 얼마나 많은 폭력이 숨어있는지 보인다. 가정폭력·성폭력·인신매매·성매매 등도 폭력이란 관점에서 보기 전에는 사회문제로 가시화되지 않았다. 마약·알코올·자살 등도 자신의 몸과 정신에 대한 폭력, '사랑의 매'는 아동에 대한 폭력이란 관점에서 보아야 한다.

문제는 이렇게 심각한 폭력도 폭력으로 보지 않는 우리 사회의 풍토이다. 학교나 가정에서 아이를 때리고 욕하는 일은 물론, 안 먹겠다는 사람에게 억지로 술을 먹이는 일, 파김치가 되어 쓰러져 자는 아내에게 성관계를 요구하는 일, 가족들과 의논도 하지 않고 멋대로 집에 손님을 초대하는 일, 공공장소에서 울리는 휴대폰소리, 내식대로 남을 생각하고 판단하고 비난하는 일, 가족이라고 개인사에 지나치게 간섭하는 일, 시험 못 봤다고 1점에 1대 하는 식의 체벌 등 우리는 아직 이런 일을 폭력이라고 생각하지 않는다.

오래 전에 미국에 간 한국인들이 미국어린이들의 머리를 예쁘다고 쓰다듬거나 고추를 만지는 일로 성폭력범으로 고발되는 사례들이 있었다는 이야기가 있었다. 그때는 문화적 차이라고 웃고 넘어갔지만 우리는 그런 행동 속에 숨어있는 폭력의 불씨를 간과한 것이다. 우리는 이런 폭력의 바다에서 살고 있기 때문에 일상에서 겪거나 행사하는 폭력을 폭력으로 의식하지 못하고 당연하게 넘어간다. 그러나 이런 폭력불감증이 가정폭력·성폭력·인신매매·성매매·마약·알코·자살 등 더 큰 폭력을 불러온다. 이런 일상의 테러를 예방하는 지름길은 폭력에 대한 감수성을 키우는 것이다. 자신도 모르게 행하는 작은 폭력도 놓치지 말고 직면하여 고치는 일부터 시작하자.

인천여성의전화 회보 〈물꼬〉 76호 (2002. 10)

선거운동 현장의 성희롱을 고발한다

6·13 동시지방선거가 막을 내렸다. 여러 가지 게이트와 월드컵과 국민의 무관심 그리고 복잡한 투표방식 등 아쉬운 점이 많았지만 더 아쉬웠던 것은 선거운동 현장의 성희롱이다.

그 대표적인 유형은 후보의 부인들이 겪는 성희롱이다. 후보들은 표를 얻어야 하는 입장이므로 유권자들이 주는 수모를 감수해야 하는 경우가 종종 있다. 그러나 그 부인들은 남편을 위해서 성희롱까지 감수해야 한다.

모 후보의 부인은 50대 후반으로 처음으로 선거운동에 나섰다. 선거운동 첫날 그 후보부인은 거리에서 지나가던 남성노인들에게 인사를 하고 지지를 호소하였다. 그러자 한 노인이 "아줌마, 나하고 하룻밤 자면 찍어 주지"하였다. 너무나 놀란 후보부인이 "아저씨, 말씀이 심하시군요"하자 옆에 있던 다른 노인이 "아, 그러면 술이라도 한 잔 사줘야지"하고 후보부인의 손을 잡아 끌었다. 후보부인은 "아저씨, 이렇게 하시면 안되지요"하고 당차게 말하고 돌아왔지만 속상한 마음을 진정할 수가 없었다. 그리고 그 다음날은 사람들 만나는 것이 두려워 거리에 나갈 수가 없어 하루를 쉴 수 밖에 없었다. 그 모습을 보고 열심히 선거운동을 돕고 있던 자녀들이 "엄마, 아빠를 위해서 참으세요" 하더란다. 그 후보부인은 "과연 참아야 할까요?"하고 필자에게 묻더니 이내 "아니 참지 않겠어요. 또 그런 일을 당하면 혼내주겠어요. 표가 떨어져도 하는 수 없지요. 그렇게 희롱이나 하는 사람들이 투표하겠어요?" 하고 다짐하였다. 이 부인에게 지지의 박수를 보내자.

후보부인 뿐만 아니라 여성운동원들도 이런 일을 종종 당한다. 이번 선거 뿐만이 아니라 전에도 있어왔다. 밤늦게까지 음식점이나 술집 등에 가서 선거운동을 하다보면 술한잔 따라주라고 손목을 잡는 경우가 허다하며 억지로 술을 먹게 하는 경우도 있다.

그러나 표를 얻어야 한다는 입장이 약자아닌 약자의 상황이 되어 꼼짝없이 당할 수 밖에 없다. '표'라는 약점을 가지고 아무런 관계도 없는 여성이 자신에게 굽신거리는 것을 보고 유권자들은 우월의식이나 힘을 느끼고 함부로 대해도 된다고 생각하는 것 같다. 그런데도 모두가 성희롱의 상처는 당한 여성 개인의 문제일 뿐이며 '표'라는 대의를 위해서 참아야 한다고 말한다. 우리나라 국민의 수준은 높지만 정치판의 수준은 낮다고 한다. 이렇게 말하면 어떨까? 국민의 수준은 높지만 유권자의 수준은 낮다.

여성신문 (2002. 7)

흡연의 사회적 의미

요즘 흡연은 공공의 적이 되었다. 대부분의 공공건물에서는 흡연을 할 수 없게 되었고 애연가들은 건물 한귀퉁이나 옥외에서 궁색하게 흡연을 할 수 밖에 없는 상황이 되었다. 정부는 금연대책의 일환으로 담배값을 대폭 인상하기도 하였다. 담배로 인한 폐암으로 작고한 한 유명한 코미디언은 숨을 거두기 직전까지 흡연의 무서움을 홍보하였다. 담배에 대하여 공익소송을 제기한 변호사도 있다.

정부의 이런 적극적인 대책으로 청장년층 남성의 흡연인구는 감소하고 있지만 청소년과 여성의 흡연인구는 오히려 증가하고 있다. 흡연을 시작하는 나이도 점점 빨라져서 초등학생까지 이르고 있고 여학생들 흡연자도 남학생에 못지 않다. 한 조사에 의하면(1999년) 우리나라 고등학생의 흡연율은 남학생 32.6%, 여학생 7.5%이며 중학생은 남학생 6.2%, 여학생 3.1%라고 한다. 지금은 고등학교 3학년의 60%가 흡연을 한다고 한다.

청소년과 여성들에게 건강에 나쁘니 금연하라는 이야기는 설득력이 없다. 청소년과 여성이 흡연하는 이유는 여러 가지가 있을 것이다. 그러나 나는 흡연이 가지는 사회적인 기표에 대해서 주목한다. 우리 나라에서 담배는 남성성, 어른됨, 권위를 상징한다. 그래서 미성년자와 여성에게는 흡연의 권리가 없었다. 특히 공공장소에서의 흡연은 금기였다.

여성이 공공장소에서 흡연할 수 있게 된 것은 최근이다. 그것은 여성들이 급진적인 투쟁을 통해서 확보한 권리이다. 90년대 초반 신촌 이대 앞 노상에서 일단의 여성들이 담배를 피워댄 사건이 있었다. 그것은 여성도 공공장소에서 담배를 피울 수 있다는 것을 주장하는 의도적인 선전포고였다. 지나가던 사람들은 이를 보고 노골적으로 '세상말세'라는 표정들을 지었고 심지어는 욕을 하거나 호통을 치는 사람도 있었다. 이제는 TV 드라마 등에서 흡연하는 여성들을 자연스럽게 만날 수 있게 되었다.

청소년들의 흡연은 기성세대에 대한 도전, 어른스러워 보이고 싶은 욕구의 표현이다. 다시 말하면 '나도 어른'이라는 주체의식의 상징이다. 청소년을 '미성년'이라고도 한다. 아직 어른이 아니라는 뜻이다. 그러나 주체의식은 어른만이 갖는 것은 아니다. 아동인권을 이야기할 때 우리는 흔히 어린이를 인격적인 존재로 대하라고 한다. 즉 주체적인 존재로 인정하라는 뜻이다. 주체로 인정받지 못한 여성과 청소년에게 흡연은 저항의 기표가 된다.

담배, 성 등 여성과 청소년에게 금기시 된 것의 공통점은 쾌락의 욕구를 제한한다는 것이다. 인간의 본능인 쾌락의 욕구를 독점하는 것은 바로 권력이다. 여성과 청소년이 담배를 피울 수 없다는 것은 그 권력이 성인남성에게 있다는 것을 의미한다. 우리는 이것을 가부장제라 한다. 여성과 청소년의 흡연은 보이지 않게 작동하는 가부장제 권력에 대한 저항으로 해석될 수 있다.

담배는 기호식품일 뿐이다. 어린아이나 어른이나 함께 담배를 피우는 나라도 있다. 기호식품이기 때문에 가능한 것이다. 담배의 유일한 문제는 건강상의 문제로 피우는 당사자 뿐만이 아니라 간접흡연의 피해가 더 크다는 것이라 할 것이다.

경희대 영문학보 (2004)

아내들의 성적 자기결정권

지난 8월 20일 서울중앙지법 형사합의 22부는 "결혼한 부부가 배우자의 성관계 요구에 응할 의무는 있지만 그렇다고 자신의 성적 결정권까지 포기해야 한다는 것은 아니며 성관계 요구에 응하지 않는 배우자에 대해 성관계를 강제할 수도 없다"는 요지의 판결을 했다고 보도되었다(한겨레신문 2004. 8. 20). 부부 간의 갈등이 심하고 아내가 남편에게 이혼을 요구하고 있던 상황이었지만 당시 두 사람은 한 집에 동거하는 정식부부였다고 한다.

이 뉴스를 본 한국의 아내와 남편들의 심정은 어땠을까? 남편이 아내를 성폭력하고 그런 남편을 강간죄로 처벌한다는 것이 성립될 수 있을까? 쉽게 동의하기 어려운 일이다. 그러나 여성의전화는 아내폭력 상담을 하면서 아내를 구타한 후 강제로 성관계를 요구하거나 별거중이거나 이혼한 후에도 아무 때나 찾아와 성관계를 요구하는 전남편의 폭력 때문에 고통당하는 여성들을 수없이 보아왔다. 이런 여성들의 고통 속에서 아내도 강간당한다는 것을 '발견'하게 되었다('발견'이란 용어에 주목해 달라).

그리고 강제성은 일상의 부부관계에서 인식하지 못하는 가운데 흔히 일어나고 있다는 것이라는 것도 알게 되었다. 다만 당사자들이 느끼지 못할 뿐이다. 가끔 이웃집 주부들과 '수다'를 떨다 보면 당연하다고 여겨 무심코 지나쳤던 바로 '그' 상황들이 분명하게 모습을 드러낸다. 그때 우리들은 "맞아, 왠지 찝찝한 그 느낌, 그 감정이 바로 성폭력이었어"하고 소리치게 된다.

　느끼지 못하는 이유는 자신의 욕구와 감정을 억압하기 때문이다. 가정을 지키고 갈등이 일어나지 않게 해야 하는 것은 아내에게 요구되는 더 중요한 가치이므로 갈등상황이 되었을 때 아내들은 "남편은 밖에서 힘들게 일하는 사람이니까" 하고 이해하면서 왠만하면 참고 지나간다. 아내도 역시 힘들게 일하고 있지만 아내 스스로 남편이 더 힘들게 일하고 있다고 생각하는 것은 남자는 밖에서 일하고 돈 벌어 오는 사람, 여자는 집에서 쉬는 사람, 그리고 돈버는 사람이 더 중요한 사람이라는 도식이 무의식속에 자리 잡고 있기 때문이다.

　우리는 결혼에 있어 성생활이란 부부간의 권리이자 의무라고 생각해왔다. 개인의 의사를 고려해야 한다고 생각해 본 적이 없었다(이유 없이 성관계를 거부하는 것은 '부당한 대우'가 되어 이혼의 사유가 될 수도 있다). 남성들은 여자의 성적 욕구를 배려하도록 교육받지 못했다. 여성들은 자신의 성적 욕구를 드러내기커녕 욕구가 있는지조차 알 수 없도록 훈련받아왔다(요즘 청소년 성교육이 성행하고 있지만 그 취지는 성폭력을 예방하기 위한 것이다. 이런 교육은 자칫 성의 부정적인 면만 강조하기 쉽다. 그래서 나는 자신의 성적 욕구에 관심 갖고 그것을 건강하게 보살피고 개발할 수 있게 하는 성교육이 되어야 한다고 생각한다).

　이렇게 경제적, 심리적인 이유로 여성이 자신의 성적 욕구를 억압하다보면 아내 스스로 자신의 성적 욕구에 둔감해지고 자신의 감정이나 느낌을 존중해주지 않는 남편의 성적 요구가 폭력으로 느껴지게 되는 것이다. 우리나라 기혼여성의 7-80%가 자신이 불감증이라고 생각한다는 한 조사가 이런 상황을 반영한다(실제로 의학적인 불감증은 극소수라고 한다).

이번 판결이 있기까지는 35년이 걸렸다. 판결에서 예시한대로 69년 아내를 강간한 혐의로 기소된 남편에게 실질적인 부부관계에서는 강제로 성관계를 맺었다 하더라도 강간죄는 성립되지 않는다고 하였던 것이다. 여성단체들은 지속적으로 '아내강간'을 처벌해야 한다고 주장해왔다. 가정폭력방지법과 성폭력특별법에 아내에 대한 성적 폭력도 포함시키고자 노력해왔다. 이번 판결로 이런 여성단체들의 노력이 결실을 맺었다.

이번 판결의 의미는 법이 아내들의 성적 권리를 인정했다는 것이다. 여성들의 성적 자기결정권이 보장되면 될 수록 우리들의 일상은 더욱 즐거워질 것이다.

우먼타임스 (2004. 9)

가정폭력근절, 문제는 실천이다

지난 4월 15일, 강릉에서, 태어나면서부터 14년 간 가정폭력에 시달리던 한 여중생이 아버지를 죽인 사건이 발생했다. A양이 생후 백일 되었을 때 A양의 어머니는 아버지의 술과 폭력에 시달리다 가출하였고, A양은 병든 할아버지, 할머니와 함께 이틀에 한번 꼴로 일어나는 아버지의 폭력에 무방비로 노출된 채 살아왔다. 다른 가족들도 폭력을 당하기 일쑤였다고 한다.

사건 당일에도 A양의 아버지는 밤늦게 술을 먹고 거동도 못하는 할아버지의 귀를 뚫고, 이를 말리는 A양과 할머니를 욕하며 폭행했다. A양은 아버지를 그대로 두면 예전처럼 또 칼을 들고 죽인다고 난동을 부릴까봐 나일론끈으로 아버지의 손을 뒤로 묶고, 넥타이로 목을 감았다. 그리고 112에 신고하였다. 출동한 112가 쓰러진 아버지를 발견하고 병원에 후송하여 치료하던 중 아버지는 사망하였다.

이 사건이 나자 많은 사람들이 관심을 가졌고 방송이나 기자들이 인터뷰를 요청하였다. 그들의 질문에는 공통적인 것이 있었다. 가정폭력이 얼마나 심각하냐는 것과 국민들에게 하고 싶은 말이 무엇이냐는 것이다. 이런 질문을 받으면 나는 일단 화가 난다. 10년 전이나 지금이나 이런 사건은 일년에 몇건씩 발생하고 있어 새로운 유형이 아닌데도 그때마다 질문의 내용은 똑같기 때문이다.

별로 고민하지 않은 상투적이고 관념적인 질문이다.

　가정폭력은 그 자체로 이미 너무나도 심각한 것이다. 아무리 사소한 가정폭력이라도 가정폭력은 모든 폭력의 모형이며 잠재적 근원이 된다. 바늘도둑이 소도둑 된다는 말도 있듯이 작은 폭력이 큰 폭력을 불러온다. 안식처라고 생각되는 가장 사적이고 다른 사람이 개입하기 어려운 공간에서, 함께 살고 있는 가장 가까운 사람에 의해서 언제 끝날 지 모르는 폭력을 10년, 20년 당하고 산다고 생각해보라! 또한 다른 폭력들은 시대마다 나라마다 다르게 나타나기도 하지만 가정폭력은 언제 어디서고 똑같은 양상을 보인다. 가정폭력은 만국 공통어이다.

　A양 사건은 가정폭력의 전형을 보여준다. A양은 태어나면서부터 폭력을 당하고 살아왔다. 아무도 A양을 도와주지 못했고, 도와주지 않았다. 경찰에 신고한 적이 있었으나 "돌아가서 아버지가 다시 때리면 그때 다시 오라, 아버지가 술 마시면 잠든 다음에 들어가라"는 답변만 들었을 뿐이다. 아마도 그때 A양은 "결국 내가 해결할 수밖에 없다"고 생각했을 것이다. A양 고모가 신고하려 했을 때는 할머니가 말렸다. 그 이유는 짐작하고도 남는다. 가족들이 폭력을 저지하려고는 했지만 아마도 "아버지니까, 아들이니까"하는 마음이 앞섰을 것이다. 이 정도의 폭력이라면 동네사람들도 알만한 사람들은 다 알았을 것이다. 이웃과 사회의 무관심, 이것이 가정폭력이 심각한 가장 큰 이유다.

　더 심각한 것은 방송의 행태이다. sbs는 4월 29일 방영된 '세븐데이즈'에서 A양의 어머니를 찾아내 인터뷰를 했다. 아무리 좋은 의도에서 했다 하더라도 이것은 분명히 선정주의다. 여성폭력에 대한 방송의 선정적인 태도는 가정폭력의 심각성보다 더한 심각성이다. 시청자들이 보고 싶어한다는 논리, 그리고 그것을 보고 싶어하는 시청자들 모두가 가정폭력에 무감각함을 증명하고 있는 것이다.

　말이 나온 김에 이 사건이 네티즌과 언론의 주목을 받은 이유 가운데 혹시 A양이 어리고 약한 '여중생'이기 때문이 아닌가 하는 생각이 든다. 얼마 전 어느 여성들의 모임에 갔는데, A양이 불쌍하다고 하면서도 "어떻게 어린 딸을 두고 가출할 수 있느냐, 가출하지 않았다면 그런 일이 일어났겠느냐"면서 그 어머니를 비난하는 것을 보았다. 맞은 것이 불쌍하니 돕자는 것이다. 가정폭력은 헌법에 근거한 신체자유의 권리와 인권에 관한 문제이다.

　5월 가정의 달을 맞이하여 여성의전화는 '평등가족, 평화마을' 운동을 하고 있다. 가정과 사회가 한마음으로 생활 속에 뿌리박혀 있는 작은 폭력부터 없애는 평화의 실천을 하자는 것이다. 폭력이 나쁘다는 것은 누구나 아는 일이다. 문제는 실천이다.

여성신문 (2005. 5)

가정폭력 계속 두고 볼건가

　또 연예인 아내폭력사건이 일어났다. 탤런트 이찬씨의 아내폭력사건은 연예인 부부라는 점만 빼고는 늘 일어나는 전형적인 아내폭력사건이다. 다른 범죄는 시대나 상황에 따라 유형이 변하기도 하고 발생빈도가 바뀌기도 한다. 하지만 아내폭력은 이 문제가 처음 드러난 1980년대부터 지금까지 변한 것이 별로 없다. 그것이 아내폭력의 특성이다. 아내폭력은 복잡한 사건이 아니다. 남편, 혹은 전남편, 애인, 파트너 등이 아내, 전처, 옛 애인 등에게 폭력을 행사했다는 아주 단순한 것이다.

　'가정폭력=범죄'라는 지속적인 홍보에도 불구하고 시간이 흐를수록 오히려 사람들은 아내폭력에 익숙해지는 것 같다. 이찬씨의 아내폭력 사건이 보도된 지 보름 남짓 지나면서 사람들은 벌써 식상해한다. 인터넷 누리꾼들의 댓글도 처음엔 '그럴 수가 있느냐'던 사람이 많았으나 지금은 '자기들만의 문제로 왜 다른 사람 피곤하게 하느냐'는 반응으로 돌아선 느낌이다.

　우리 사회 어딜가나 폭력이 흘러넘친다. 목적을 위해 폭력적인 수단까지 불사한다. 학교나 집·직장에서 폭력적이고 거친 말과 위압적인 행동이 자연스럽게 행해지고 받아들여진다. 청소년들의 대화는 반 이상이 욕으로 채워져 있고 여섯 집 중에 한 집에서 폭력이 일어나고 있다. 폭력행사를 찬성하는 사람은 아무도 없다. 그러나 가정에서 일어나는 폭력은 왜 용납되는 것인가?

여러 가지 이유 중에서도 가장 염려되는 것은 이런 폭력을 용인하거나, 심지어 폭력이라고 느끼지도 못한다는 점이다. 폭력에 대한 우리 사회의 이런 집단 불감증과 무의식으로 우리 모두가 자신도 모르는 사이에 가해자의 편이 되는 것이다. 폭력에 익숙해져 다른 사람의 고통을 공감하지 못하고, 가해자의 입장에서 상황을 해석한다면 피해자에게 제 2의 폭력을 가하고 폭력행사를 방조하는 것과 마찬가지다. 그렇다면 우리 모두 가해자와 공범이 되는 것 아닌가.

가정폭력을 더 이상 방치해서는 안된다. 가정폭력은 우리 사회가 시급히 해결해야 할 문제다. 폭력은 육체는 물론 정신을 황폐화해 결국 인간의 존엄성을 상실케 만든다. 가정폭력에 대한 인식이 지금 같아선 결코 선진국이 될 수 없다.

마침 올해는 민주화항쟁 20주년이 되는 해이다. 최근 사회 각 부문이 한 단계 성숙하기 위한 홍역을 치루고 있다. 정치적 민주화에 이어 개인의 삶과 일상생활, 의식과 문화의 민주화를 이루기 위해 가정폭력은 반드시 근절해야 한다. 타인의 고통에 공감하고 약자의 입장을 상상할 수 있는 능력(인권감수성)을 키우고 폭력을 방조·조장하는 사회구조를 바꾸는 과정이 제2의 민주화의 핵심이라고 생각한다.

그 첫걸음은 폭력 행위자를 적합하게 처벌하는 것이다. 아동 교육에서도 옳고 그름과 해서는 안되는 일과 해도 되는 일을 분명히 하는 것은 아주 중요하다. 동물을 훈련할 때도 마찬가지다. 폭력 행위자의 폭력재발을 방지하기 위해서 가장 필요한 것은 폭력 행위자로 하여금 폭력행위는 절대 하면 안되는 것이고 폭력을 행사하면 반드시 처벌받는다는 것을 분명하게 깨닫게 해주는 것이다.

그러나 현재의 '가정폭력방지 및 처벌법'은 아내폭력을 범죄로 보지 않고 부부갈등으로 보는 측면이 강하다. 게다가 정부는 폭력 행위자가 상담을 받는 조건으로 기소유예해 주려는 제도를 실험하고 있다.

여성의전화는 폭력 행위자를 적절히 처벌하고 피해자를 보호하기 위하여 현재의 법을 대폭 수정한 개정안을 발의하였다. 그러나 그 개정안은 현재 1년이 넘도록 법사위에 계류중이다. 가정폭력 없는 사회를 만들기 위해 더 이상 미뤄서는 안된다. 미룰 명분이 없다. 국회는 조속히 개정안을 통과시키기를 바란다.

중앙일보 (2007. 1. 16)

학교체벌 절대 안된다!

　지난 4월12일 인천시 교육청은 학생체벌을 학생이 자율적으로 결정할 수 있도록 지도하여 인천시 중고교의 93%가 체벌을 채택했다고 발표했다. 이중 회초리 등으로 직접 체벌을 가하는 학교가 84%, 간접체벌이 16%이었고 체벌을 완전 폐지키로 한 학교는 단 4곳뿐이었다. 그 며칠 뒤 초등학교 다니는 막내가 학교운영위원회에서 결정했다고 하는 체벌에 관한 학교규칙을 안내하는 가정통신문을 가져왔다. 내용은 체벌을 하되 어떠어떠한 방식으로 하여 말썽이 나지 않게 하겠다는 것이었다.
　결론부터 이야기하자면 경악을 금치 못할 일이다. 그 동안 우리 사회는 폭력으로 유지되어 왔다. 군사독재권력이 그러했고 남자라면 누구나 거쳐야 하는 군대는 폭력문화의 상징이었다. 남학생들은 중학교에 들어가면 어린아이의 틀을 벗고 학생으로서의 기강을 잡는다는 이유로 이유 없는 구타와 폭언을 당하는 것이 교육과정이었다. 이런 것들은 그대로 가정폭력, 성폭력으로 이어져 어느덧 우리 사회는 합리적이고 민주적인 대화보다는 폭력적인 인간관계가 판치게 되었다.
　우리 사회에서 학교에 다녀본 사람 치고 선생님으로부터 매맞아보지 않은 사람은 없을 것이다. 국무총리실 직속의 청소년보호위원회의 조사에 따르면 전체

학생의 83.6%가 지난 1년 동안에 체벌을 받은 경험이 있는 것으로 드러났다. 그런데 이제는 법으로까지 정하여 체벌을 합법화하자는 것이다. 더구나 합법화의 이유가 실추된 교권을 확립하자는 것이라니 아무리 생각해도 어떻게 폭력으로 교권이 확립될 수 있다는 것인지 이해가 되지 않는다. 위 조사에서 체벌에 대해서 교사는 91.9%가 긍정 동의하는 반면 학생들은 32.8%만이 동의하고 있고 그 가운데서 학부모는 52%정도가 다소 필요하다는 어정쩡한 반응을 보이고 있는 것을 보면 체벌이 오히려 갈등의 소지가 될 수 있음을 시사하는 것이다. 또한 그 동안 체벌이 합법적이 아니었기 때문에 학생이나 학부모가 체벌에 항의할 수 있었으며 항의는 곧 교사에 대한 도전이므로 합법화하여 폭력을 행사한 사람보다는 폭력을 당하고 항의하는 사람에게 책임을 돌려야 한다는 왜곡된 시각이 있을 뿐이다.

 진정으로 교권을 회복하는 길은 성숙하고 건강한 인간을 만드는 교육을 할 수 있도록 입시위주의 왜곡된 교육제도를 개혁하는 것이다. 이 길이 지난하다고 하여 폭력이라는 손쉬운 방법을 택하려는 것이 아닌지 교육당국자는 반성해야 한다. 폭력은 학습되는 것이다. 폭력은 절대 안 된다고 가르쳐도 살다보면 폭력을 휘두르게 되는데 하물며 폭력으로 권위를 세우려는 교사를 보고 학생들이 무엇을 배울 수 있겠는가. 어떤 이유로든지 폭력은 절대 안 된다는 원칙을 가르치는 것이 학교의 의무가 아니겠는가, 학교체벌은 절대 안 된다.

인천여성의전화 회보 〈물꼬〉 42호 (1999. 5)

학교성폭력추방의 주체는 교사다

2001년 인천 ㄱ초등학교 5, 6학년 극기훈련(설악산, ㅅ모텔) 중 모텔 사장이 극기훈련에 참가한 여학생들을 성추행한 사건이 일어났다. 극기훈련에서 돌아온 인솔교사들은 성추행범을 고발하였다.

그러나 당시 교육청은 모텔 사장의 성추행 사실에 대한 진상조사보다는 교사들이 숙소 측으로부터 음식을 제공받은 사실을 문제삼아, 지난 해 9월 1일자로 '견책 3명', '학교장 경고 2명'의 징계를 내렸다.

재판은 진행되어 성추행범은 지난 해 12월 28일, 1심 재판에서 징역 4년의 실형을 받고 법정 구속되었다. 교사들이 규명하고자 했던 성추행사건의 진실이 입증된 것이다.

그런데도 이번 정기인사에서 인천광역시북부교육청(교육장 정충구)은 진상규명에 앞장섰다는 죄(?)로 '학교장 경고'의 징계 처분을 받은 ㅊ, ㅇ교사 2명에 대해 지난 2월 6일자로 강제행정내신(강제전보발령) 처리하였으며 이들 교사들에게 소명의 기회조차 주지 않았다.

이에 전교조 인천지부(지부장 이청연) 교사들은 대표단을 꾸려 지난 22일 이후 몇 차례 면담을 통해 '부당 인사 발령 철회, 교육장 사과' 등을 요구했지만 교육장이 직접 대화에 응하지 않는 등 성의없는 태도로 일관하자 소속 초등학교 교사

50여 명이 25일 낮부터 북부교육청 교육장실을 점거한 후 농성을 시작하였다.

28일 늦은 밤 극적으로 교사들의 요구가 받아들여져 농성은 끝나고 사건은 일단락되었지만 우리는 다음과 같은 이유로 이 사건에 주목해야만 한다.

첫째, 강제전보발령을 받은 두 교사는 "18세 미만의 사람을 보호하거나 교육 또는 치료하는 시설의 책임자 및 관련종사자는 자기의 보호 또는 감독을 받는 사람이 강간등 상해·치상 및 강간등 살인·치사의 범죄의 피해자인 사실을 안 때에는 즉시 수사기관에 신고하여야 한다(성폭력범죄의처벌및피해자보호등에관한법률 제22조)"는 자신의 임무에 충실하였다. 이런 법조항이 없더라도, 학생의 성추행사실을 알고도 침묵한다면 교사의 자격이 없다고 할 수 있을 것이다.

그런데 교육청은 그런 교사를 포상은 하지 못할망정 물의를 일으켰다는 이유로 강제전보시키려 했다. 그것은 성추행 사실을 알고도 모른 척하라는 뜻이며 학생들의 인권보다는 교육행정당국자의 이익이 우선이라는 뜻이다. 교육장은 직무유기, 성추행방조, 권한남용의 책임을 지고 물러나야 한다.

둘째, 수학여행이나 극기훈련, 수련회 숙박장소 등 교육연장선에서 일어나고 있는 성폭력사건이 방치되고 은폐되고 있다는 것이다. 이미 여러 상담소에서 이런 사건이 보고되고 있다. 이번 사건이 일어난 설악산의 ㅅ모텔에 대해서 교육청은 어떤 조치를 취했는지 묻고 싶다. 적어도 학생들을 다시 보내서는 안될 것이다. 그리고 이런 시설들에 대한 원칙적인 점검을 즉각 실시할 것을 요구한다.

셋째, 끝까지 진실을 밝히고자 했던 두 교사에게 따뜻한 격려의 인사를 보내며 이번 사건을 계기로 교사들은 보다 적극적으로 학교 성폭력 해결의 주체로 나서주기를 부탁한다. 지난 해 단체협약에서 교사를 위한 양성평등교육을 의무화하였으니 교사들의 성의식 제고와 성폭력예방 학습을 위한 시간으로 활용하면 좋을 것이다.

인천여성의전화 회보 〈물꼬〉 70호 (2002. 3)

매춘여성에게도 인권은 있다

　최근 매매춘 지역에 대한 강제철거와 단전 단수가 집행되고 있다는 보도가 계속되고 있다. 그동안 매매춘문제에 대해 뜨뜻미지근한 태도를 보여 오던 당국이 오랜만에 단호한 의지를 보여주고 있는 듯하다. '윤락행위등방지법' 개정안이 발효되어 매춘여성을 사는 남성에 대한 처벌규정이 강화되어도 형식적인 처벌에 그치던 검찰이 '청소년보호법'의 준수를 위하여 앞장서고 있는 것이다. 이런 현실을 보면서 매매춘문제에 대해 꾸준한 관심을 가져왔던 본회로서는 몇 가지 우려되는 바가 있다. 사실 매매춘문제를 근절시키고 싶으면 이용하는 남성들의 명단을 공개하면 된다. 지름길을 놔두고 매춘여성의 인권을 심각하게 손상시키는 방법을 택하는 것을 보고 검찰에게 매매춘문제 근절의지가 있는지 과연 의심스럽다.
　죄는 미워해도 사람을 미워해서는 안된다고 우리는 배워왔다. 우리 선조들이 깨달은 인권의식이다. 사람들은 매춘여성은 우리 사회가 금지하고 있는 일을 하고 있기 때문에 죄인이라고 생각한다. 그러나 본회는 매매춘문제에 대한 연구작업을 통해서 우리나라의 매매춘문제를 해결하기 위해서 관점의 전환이 필요하다는 것을 알게 되었다. 즉, 그들에게도 천부적인 인권이 있고 우리나라의 국민으로서 국가의 보호를 받을 권리가 있는 사람들이라는 의식을 바탕으로 매춘여성의 입장에서 이 문제를 바라보는 것이 아주 필요하다는 것이다. 그래서 매춘여성을 죄인시하는 편견을 없애고 "매춘여성을 여성운동이 지향하는 자매애의 울타리에 들어오게 하자"는 의지를 갖게 되었다. 이런 생각을 가지고 최근의 검찰조치를 보면 몇 가지 문제점이 보인다.

첫째, 원인은 생각하지 않고 현상만 보는 한시적인 조치라는 점이다. 우리 사회의 향락산업은 이미 온 몸에 퍼져 있는 암세포와 같다. 이 점에 대해서는 동의하지 않을 사람이 없을 것이다. 매춘여성을 양산하는 사회구조의 개선 없이 매춘여성만 단속한다면 도마뱀의 꼬리만 자르는 일이 될 것이다.

둘째, 지역이기주의이다. "미아리텍사스가 없어져야 하는 이유는 매매춘이 근본적으로 잘못되었기 때문이 아니라 우리 지역에 있기 때문"이라는 지역이기주의가 우리의 눈을 어둡게 하고 있는 것이다. 온 국토가 매매춘지역으로 전략했는데도 "자신이 사는 지역에는 더러운 창녀가 단 한 명도 없기를 바란다." 그럼에도 매매춘은 필요악이므로 우리 동네가 아닌 "다른 곳에서라면 가능한 것이다." 이런 생각에서 어쩌면 어제 밤 그곳에서 자고 나왔을 지도 모르는 남성들이 매춘여성들에게 돌을 던지는 데 앞장서는 것이다.

셋째, 이것은 매춘여성들에게 가해지는 국가의 폭력이라는 점이다. 매춘여성들은 이미 인권의 사각지대에서 이중, 삼중으로 폭력을 당하고 있다. 에이즈, 성병 등에 무방비로 노출되어 있고, 손님인 남자로부터 물리적인 폭력을 당하며, 성산업구조에 의한 인신매매, 감금, 경제적 착취 등의 폭력을 당하고 있다. 이런 여성을 위하여 국가가 적극적인 대책을 세우기는 커녕 쓰레기 치워버리듯 추방하려는 것은 정부의 직무유기다. 따라서 정부는 강제철거나 단전단수라는 극한조치보다는 적극적이고 실제적이고 유용한 자활대책을 세워야 한다. 매춘여성들의 가장 큰 문제는 스스로 존엄성을 상실했기 때문에 현재의 매춘여성정책으로는 성과를 거둘 수 없다. 돈과 시간이 더 들더라도 이것이 지름길이다. 매춘여성도 대한민국의 국민이요. 우리의 딸들이라는 점을 잊지 말아야겠다.

인천여성의전화 회보 〈물꼬〉 27호 (1997. 11)

남성의 성욕, 조절할 수 없는 것인가?

우리나라는 지금 어느 곳에서든지 성매매와 성관계가 가능하다. 다방, 노래방, 비디오방, 전화방 등은 물론이고 최근에는 대리운전을 이용한 성매매까지 등장하였다. 이미 알려진 매매춘 지역이 아니더라도 원하기만 하면 어디서든 성매매가 가능하기 때문에 우리 나라의 매매춘 여성의 숫자를 파악하기가 어렵지만 여성단체는 100만 명이 넘을 것으로 추산하고 있다. 또한, 러브호텔 반대운동이 전국적으로 일어날 만큼 성관계 전용의 시설들이 폭발적으로 늘어가고 있다.

오늘은 이런 현상에 대한 평가보다는 이것이 시사하는 바에 대해서 생각해 보려고 한다. 전국적인 러브호텔과 성매매 현상은 한국인들의 성욕이 주체할 수 없도록 넘쳐나고 있다는 것을 보여준다. 이런 사회에서 우리는 이 성욕을 조절하지 않고 내키는 대로 풀어버리거나, 자의건 타의건 성욕을 억압하면서 살고 있다. 이런 측면에서 본다면 러브호텔 반대운동은 자칫 남성중심의 일부일처 가부장제 결혼 이외의 성은 인정하지 않고 성욕을 억압해야 한다는 암시가 될 수 있다.

경제적인 어려움을 겪고 있기는 하지만 우리 사회는 전반적으로 물질적 풍요가 확산되고 있다. 이에 따라 억압되었던 개인적인 욕구가 터져 나오면서 한편으로는 문화, 예술 등의 분야에서는 놀랄만한 성장의 원동력이 되고 있다. 그러나 한편으로는 전근대적이고 집단주의적인 인간관계 체계는 다양하게 발전하지 못하고 개인의 욕구를 더욱 억압하면서 불평등하고 폭력적인 관계가 늘어가고 있다.

성욕은 무조건 억압해야 될 것이 아니라 다른 욕구와 마찬가지로 자연스럽고 자유롭게 표현되고 수용되면서 조절되어야 하는 것이다. 최근 외교통상부 장관이 올브라이트 미국무장관에 대하여 한 발언 등 일련의 지식 지도층 남성들의 형태는 성욕 조절의 미숙함을 보여주는 좋은 사례이다. 러브호텔 반대와 성매매근절운동과 동시에 개개인이 성욕을 성숙하게 조절할 수 있어야 할 것이다.

인천여성의전화 회보 〈물꼬〉 57호 (2000. 11)

성매매 권하는 사회

　우리나라 어디서든지 남자들은 돈만 있으면 쉽게 여자를 사서 성관계를 할 수 있다. 뿐만 아니라 남자들의 성욕해소를 위해 외국여성까지 수입해오고 있다. 그리고 상대여성의 나이가 점점 어려지고 있는 추세이다. 이런 범위에 놓여 있는 여성이 전국적으로 대략 150만명이 라고 한다.

　많은 남성들이 성매매는 근절될 수 없다고 주장한다. 여기에 동조하는 여성들도 많다. 남성의 성욕은 억제할 수가 없는 것이어서 적당한 배출수가 필요하고 그렇지 않으면 성폭력이 더욱 심해질 것이라는 것이 그 이유이다. 그러니 공창을 만들어 성매매를 효율적으로 관리하는 것이 사회를 위해 이롭다고 주장하는 사람들까지 있다. 그렇다면 남의 물건을 훔치는 절도도 인류역사에서 근절하기 어려운 것이니 합법화해서 일정지역 안에서는 남의 물건을 훔쳐도 좋다고 허용해야 하지 않을까. 아니면 성욕은 남성에게만 있는 것이 아니니 여성들의 성욕을 위해서도 매춘남이 필요하다는 것을 인정해야만 한다. 성매매는 정말로 근절될 수 없는 것이 아니라 근절되기를 바라지 않는 것이다.

　사람의 몸은 물건이 아니므로 절대 사고 팔 수 없다. 사람을 사고 파는 것은 노예제도이다. 이는 이미 온 인류가 반인권적이며 비인간적이라고 합의한 바 있다. 근절될 수 없다고 허용할 일이 아닌 것이다. 돈을 주고 성을 사는 남자와 자신의 성기를 돈을 받고 파는 여자는 실제 주인과 노예의 관계가 된다. 돈을 주고 사는 여성을 인격적인 섹스파트너로 대할 남자는 아무도 없다. 오히려 돈을 주고 샀으니 내 맘대로 할 수 있다는 생각에서 많은 인권유린이 발생한다.

더 큰 문제는 매매춘여성들의 나이가 점점 어려지고 있다는 사실이다. 검찰에서 공식 확인된 가장 나이어린 소녀는 12세로 보고되고 있다. 이는 '청소년 성매수' 청소년 자신만의 문제가 아니다. 향락위주의 어른들의 성문화가 여과없이 오히려 왜곡되어 청소년들에게 전달되고 있는 것을 볼 수 있다.

또한 성매매를 하는 여성들은 '밝히는' 여성으로 그 일을 좋아해서 자발적으로 하고 있다고 많은 사람들이 오해를 하고 있다. 성관계를 즐기는 것과 몸을 파는 것은 다르다. 이는 남자의 성욕은 당연시하면서 여성의 성욕은 부당한 것, 혹은 부정한 것으로 보는 우리 사회의 이중시각의 반영일 뿐이다.

여성들이 성매매를 하게 되는 가장 큰 이유는 가난 때문이다. 일할 자리도 마땅치 않고 가진 기술도 없는 많은 여성들이 가족의 생계를 위하여 궁지에 몰리다 결국 이일을 선택하게 된다. '청소년 성매수' 또한 가정과 사회, 학교에서 방치된 청소년들이 생활비나 용돈을 벌기위해서 쉽게 빠져드는 일이다. 열심히 일한 만큼 돈을 벌 수 있는 사회라면 이 여성들이 이일을 선택할 필요가 없다.

따라서 성매매는 우리 사회를 광범위하게 잠식하고 있는 심각한 사회문제이며 특히 가난한 여성들의 문제임을 자각해야 한다. 인천시에는 전국적으로 유명한 성매매지역이 두 곳이나 있으며 그 외에도 시내 곳곳에 향락업소 밀집지역이 산재해 있다. 전국적인 대책은 당장 세우기 어렵다 하더라도 인천시 차원에서의 대책은 반드시 세워져야 한다. 우선 인천시의 성매매실태를 파악하여 장단기적인 정책을 세워야 한다. 한편 날로 늘어가는 '청소년 성매수'에 대한 대책이 시급하다. 이들에 대한 체계적인 상담과 교육, 이를 위한 시설지원이 있어야 한다.

남성의 성구매, 없앨 수 있다

아직도 많은 사람들이 남성의 성욕을 풀기 위하여, 특히 정상적으로(?) 성욕을 풀 수 없는 남성들은 돈을 주고 여자의 성을 살 수도 있다고 생각한다. 심지어는 장애를 가진 남성이나 외국인 남성, 결혼하지 못한 남성들은 성을 사는 일이 필수적일 것이라는 인권침해적인 발언까지 서슴지 않는다. 이 속에는 남성의 성욕은 본능적인 것으로 반드시 풀어야만 하는 것이라는 고정관념이 깔려 있다.

그러나 여성의전화가 2003년 7월부터 9월까지 전국의 10여개 지역의 성매매 밀집지역과 일반지역에서 성인남녀 1,815명을 대상으로 성의식조사를 한 결과 이런 생각은 잘못된 관념이며 오히려 성구매는 남성들의 잘못된 성문화라는 것이 밝혀졌다. 조사결과를 간략히 살펴보면 다음과 같다.

우선 남성응답자의 48.4%가 성구매경험이 있다고 한 반면 여성은 5%에 불과하였다. 30대 이하의 젊은 남성들의 성구매경험도 31.4%나 되어 성구매는 전적으로 남성의 문제일 뿐만 아니라 남성의 전연령층에서 성구매가 활발함을 알 수 있었다. 성구매는 성욕을 풀 수 없는 남성들이 주로 할 것이라는 예상과 달리 기혼남성도 54.2%가 성구매를 하고 있고, 일반지역(45.3%)보다 성매매 밀집지역에 사는 남성들(52.8%)의 성구매경험 비율이 더 높은 것으로 나타나 경험과 환경이 성구매에 큰 영향을 미치고 있음을 알 수 있다.

30대 이하를 포함한 모든 연령층의 남성들이 '술자리에서 어울리다가' 성구매를 하게 되었다(42.6%)고 답변하였고, '접대 관행상' 성구매를 하게 되었다(12.9%)는 응답까지 합하면 54.5%가 된다. 미혼이나 이별, 사별, 별거의 경우에도 '성적 욕구의 해소'보다 '술자리에서 어울리다가'가 훨씬 많다. 이는 음주문화와 접대문화가 성구매와 밀접한 관련이 있다는 해석의 강력한 증거가 된다.

반면에 성구매 후에 죄책감을 느꼈다는 사람은 17.4%에 불과하며 기혼남성들도 20.1%만이 죄책감을 느낀다고 답하여 성매매가 불법이며 비윤리적인 일이라는 인식이 매우 부족한 것으로 나타났다. 남성들은 여성들에 비하여 또한 성구매 경험이 있는 남성들이 경험이 없는 남성들에 비해 성매매에 대하여 남성중심적인 고정관념을 훨씬 더 많이 가지고 있었다. 즉 성매매가 정당하고, 사회적으로 필요하며, 성매매를 한 여성은 자발적으로 그 일에 종사하고 있으며, 피해자가 아니라는 의견을 고수하고 있다.

남성들을 성평등의식 정도로 분류하여 분석해본 결과, 성평등의식이 높은 남성들은 94%가 성구매경험이 없는 반면 성평등의식이 낮은 사람중에 성구매경험이 없는 사람은 48.4%에 불과하여 성평등의식이 낮을수록 성구매를 많이 한다는 것을 증명하였다.

이번 조사를 통하여 성매매문화에 노출되어 있는 남성일수록, 성평등의식이 낮은 남성일수록, 음주접대문화에 익숙한 남성일수록 성구매를 더 많이 한다는 것이 밝혀졌다. 따라서 성매매를 방지하기 위해서는 무엇보다도 인식변화를 위한 양성평등교육, 올바른 성교육이 필요하다. 교육의 대상은 아직 성에 대한 인식초기에 있는 청소년과 남성성문화를 재생산해내는 군대, 음주접대문화가 일상화되어 있는 기업과 공무원이 되어야 한다. 그리고 성구매자들에 대한 처벌과 강제교육이 반드시 필요하며 잘못된 성문화를 변화시킬 수 있는 제도와 법률의 정비도 병행되어야 한다.

인천여성의전화 회보 〈물꼬〉 57호 (2000. 11)

성 범죄자 신상공개는 필요하며 지속되어야 한다.

　지난 8월 30일 '청소년의 성보호에 관한 법률'에 따라 169명의 성범죄자의 신상이 공개되었다. 명단이 발표된 청소년보호위원회의 사이트가 마비될 정도로 많은 관심을 모으고 있지만 찬반 양론도 만만치 않다. 동명이인의 피해와 당사자와 그 가족의 인권침해소지, 여론재판의 소지 나라가 위헌소지 등이 있다는 것이 반대이유이다.

　우리나라 성폭력 발생율은 세계 2위이고 특히 청소년 대상 성범죄가 급증하고 있다. 여성단체들은 청소년보호위원회와 함께 청소년 대상 성범죄를 줄이기 위해 오랫동안 노력해왔으나 허사였다. 형법이나 윤락행위방지법 등 제재할 법률이 없는 것도 아니나 남성은 그럴 수 있다는 사회통념상 가해자의 처벌은 미미하였고 피해자는 이중피해를 입기 일쑤였다. 그래서 보다 확실하게 성범죄를 예방하기 위해 '청소년의 성보호에 관한 법률'을 제정하여 신상공개를 하기까지 이른 것이다.

　위 법률을 제정하는 중에도 가해자의 인권침해논란은 끊이지 않았다. 그러나 역사적으로 볼 때 남성의 성욕과 권리를 보호해 주느라고 여성들은 목숨까지 내놓아야 하는 경우가 허다하였다. 지금도 여성은 죽도록 저항하지 않으면 화간의 의심을 받는다. 뿐만 아니라 평생 피해자를 괴롭히는 후유증과 그 가족의 피해에 대해서는 이제까지 이 사회가 별로 관심을 가진 적이 없다. 인권은 권리인 동시에 의무이다. 타인의 권리를 인정할 때에만 자신의 권리도 인정받을 수 있는 것이다.

　신상공개는 18세 이하 청소년을 대상으로 한 20세 이상 성인들의 성범죄에 한정된다는 것을 유념하자. 이번 발표를 보면 피해자의 최저연령은 2세 남아이며, 성매수된 최저연령은 13세이다. 또한 33.7%가 2회 이상의 범죄를 저지른 상습범으로 재범 가능성이 높다고 할 수 있다. 본회 부설 성폭력상담소 올 상반기 상담통계를 보면 19세 미만 미성년 피해자가 39.6%이며 이는 작년 같은 기간의 38.5%보다 증가한 것이다. 미성년은 성인으로서의 책임은 유보되는 대신 보호와 양육의 권리를 전적으로 보장받을 권리와 의무가 있다.

　따라서 청소년 대상 성범죄자의 신상공개는 이중처벌이 아닌 적당하고 마땅한 처벌이다. 다만 예방의 효과를 더욱 높이기 위해 선별공개가 아닌 전원 공개와 사진 등 범죄자 신원을 정확하게 공개하여 선의의 피해자를 줄이고 재발을 막는 보완책이 필요하다. 지속적인 공개가 이어질 때 효과를 볼 수 있을 것이다.

인천여성의전화 회보 〈물꼬〉 65호 (2001. 9)

성매매는 사회적 범죄다

2000년 9월 군산 대명동 성매매집결지 화재참사 이후 지금까지 5년 동안 수십 명의 여성을 죽음으로 내몰았던 성매매 알선범죄의 진상이 폭로되고 있다. 우리 사회는 성매매는 사회적 필요악이 아니라 인권을 침해하는 폭력이며 심각한 사회적 범죄라는 사실을 인식하게 되었다. 이에 성매매방지법 제정운동이 일어났고 마침내 지난 9월 23일부터 법이 시행되고 있다.

현재 국제사회는 여성의 성을 착취하는 일체의 범죄에 대한 강력한 처벌을 촉구하고 있다. 유엔은 '성적 인신매매'는 어떠한 이유로도 정당화될 수 없는 인권침해이자 강력하게 처벌해야 할 조직범죄로 규정하고 있다. 그러나 한국은 '여성차별철폐협약'은 1984년에 비준하였으나 '16조 g항 (가족)성에 대한 동등한 권리'는 지금까지 유보하고 있고, 협약에 보장된 권리를 침해당했을 때 여성차별철폐위원회에 진정할 수 있는 장치를 보장한 '선택의정서' 역시 법무부의 반대로 비준하지 않고 있다. 또한 2000년에 통과된 '국제조직범죄방지협약'의 부속의정서 '여성과 아동의 인신매매금지협약'은 정부가 서명하였으나 국회가 비준하지 않고 있다.

새롭게 시행되는 성매매방지법은 그동안 우리가 잘못 인식해왔던 성매매에 대한 왜곡된 의식의 대전환을 요구하고 있다. 무엇보다 성매매는 범죄이며 그

중에서도 성매매알선은 강력한 처벌을 받아야 할 범죄라는 사실에 합의해야 한다. 1987년 가정폭력방지법이 제정되기 전까지만 해도 우리는 가정폭력이 범죄라는 것을 인식하지 못했던 것과 같이 가부장제 사회에서 당연하게 생각되어져 왔던 것을 범죄로 새롭게 인식하게 되는 것이 여성에 대한 폭력인 것이다.

그러나 생각보다 왜곡된 의식의 뿌리는 상당히 깊은 것으로 드러나고 있다. "법이 개인의 도덕에 과도하게 개입한 것"이라느니, "좌파적 정책"이라느니 하며 모 중앙 일간지는 연일 앞장서서 성매매방지법의 무력화를 시도하고 있으며 급기야는 국정감사장에서 국회의원이 국가경제의 어려움을 들어 성매매방지법이 비현실적이라고 공격하고 있는 것이다.

좀더 구체적으로 보면 첫째, 경제에 악영향을 미친다는 것이다. 성매매시장의 규모가 24조원임을 감안할 때 가뜩이나 어려운 내수시장이 더 위축될 것이라는 것이다. 24조원의 성매매시장의 이득을 취하는 사람들은 성매매여성 당사자들이 아니라 알선업자, 유흥업소 주인, 향락산업 등 성매매알선범죄에 관여하는 사람들이다. 더구나 성매매 피해를 입고 있는 여성들의 연령이 점차 낮아져 12세까지 이르고 있다. 성매매시장은 분명 음성적인 것이며 불법인 경우가 많다. 이것은 근절의 대상이지 장려, 배려의 대상은 아니다.

둘째, 성매매는 남성들의 생물학적 본능을 배출하기 위한 '하수구'라는 것이다. 그러나 성욕은 여성에게도 본능이지만 역사적으로 여성의 성욕은 억제되어 왔다. 생물학적 성본능이라고 해서 꼭 성매매와 같은 방식으로 해결해야 하는 것은 아니다. 만약 여성들이 남성을 성구매하는 풍조가 만연해진다면 남성들의 반응은 어떨까? '본능으로서의 인간의 성욕'은 남성들의 기득권의 주장일 뿐이다. 성에 대해서 좌파적 접근은 불가능하다. 다만 급진적 접근과 보수적 접근이 있을 뿐이다. 성에 대한 급진적인 접근은 도덕적인 성욕 억제가 아니라 남성,

여성을 가리지 않은 성의 완전한 해방인 것이다. 셋째, "농촌의 장가 못 간 총각, 외모가 못난 사람, 신체불구인 사람 등 권력에서 소외된 남성들의 성적 일탈구를 법으로까지 봉쇄하는 일은 그야말로 또 다른 불평등"이라는 주장이다. 국제결혼알선업체의 홍보현수막을 보는 듯 한 데, 이것이야말로 인권침해적인 발언이다. 우리 사회에서 권력에서 소외된 남성들은 성적 욕구를 해소하기 위하여 외국에서 아내를 '사오거나' 성매매여성을 '사거나' 해야 한다는 것이다. 이것은 가부장제 안에서 가부장이 아닌 남성이 어떻게 소외되는가를 적나라하게 보여주는 것이다. 가부장제에서 남성과 여성은 권력의 관계이며 성적 평등은 불가능하며 성적 폭력만이 가능한 것이다.

성매매방지법만으로는 성매매를 근절할 수 없다. 법은 필요조건이지 충분조건은 아니다. 성매매 뿐만 아니라 절도, 살인, 폭력, 거짓말 등 우리 사회가 금지로 합의하고 있는 대부분의 일들이 법으로 근절되지 않는다. 법은 성매매를 없애자는 최소한의 합의사항이다. 왜곡된 의식의 전환과 더불어 성매매 종사자에 대한 자활교육과 일자리 마련, 사회의 편견불식 등과 구매자에 대한 철저하고 지속적인 처벌이 있어야 성매매방지법의 성과가 나타날 것이다.

경희대 영문 학보 (2004)

성매매방지법, 도덕주의인가?

성매매방지법 반대론자들의 주장은 대체로 두가지다. 성매매가 성매매여성들의 생존권이라는 것과 법으로 성매매를 없앨 수 없다는 것이다. 전자는 알선업자들과 성매매여성들의 주장이고 후자는 보수주의자들의 주장이다.

많은 사람들이 성매매는 '필요악'이라고 주장한다. 성매매의 역사는 인류의 역사와 함께 한다는 사실 때문에 성매매는 근절할 수 없다는 생각이 뿌리박혀 있는 것이다. 10월 13일자 중앙일보에 실린 홍사종씨의 글을 보면 성적 일탈은 인간의 본능이며 개인의 문제에 법이 지나치게 개입해서는 안된다고 하면서 도덕주의와 만난 법은 종말을 예고하고 있다고 끝맺고 있다. 나아가 홍사종씨는 성적 일탈의 본능을 막아서 살인, 강간, 마녀사냥이라는 중세 암흑기를 경험하게 되었다고 한다. 한술 더떠서 이날 아침에 열린 한국경제원 조찬포럼에서 좌승희원장은 "도덕적 가치를 제고하기 위해 인간의 성욕을 막는 인권을 침해하는 좌파적 정책"이라고 정치적 색깔까지 덧칠하면서 스스로 보수주의자임을 고백하고 있다.

성매매방지법은 '성'을 통제하자는 것이 아니라 성의 '매매'를 통제하자는 것이다. 인간의 성욕은 본능이지만 자율적 통제가 가능한 것이다. 성적 일탈, 즉 성매매는 더더욱 본능이 아니다. 사람의 성을 매매해서는 안된다는 것은 원칙이다. 만약 여성들이 남성의 성을 사고 집창촌에 가고 술한잔 한 김에 남자와 2차를 가고 한다면 과연 지금처럼 말할 수 있을까? 그동안 남성의 성은 전혀 통제하지 않은 반면 여성의 성은 완전통제해 왔기 때문에 이렇게 말할 수 있는 것이다. 이제 이 완전통제도 무너지고 있다. 여성들도 자신들의 성욕을 드러내기 시작했다는 것이다. 그래도 남자들이 자신있게 여성들의 성욕을 인정해주어야 한다고 할 지는 의문이다. 결국 본능으로서의 인간의 성욕은 남성들의 기득권일 뿐이다. 성에 대해서 좌파적 접근은 불가능하다. 다만 급진적 접근과 보수적 접근이 있을 뿐이다. 성에 대한 급진적인 접근은 도덕적인 성욕 억제가 아니라 남성, 여성을 가리지 않은 성의 완전한 해방인 것이다.

법으로서 성매매를 근절할 수 없다고 한 홍사종씨의 지적은 옳다. 법은 필요조건이지 충분조건은 아니다. 성매매 뿐만 아니라 절도, 살인, 폭력, 거짓말 등 우리 사회가 금지로 합의하고 있는 대부분의 일들이 법으로 근절되지 않는다. 법으로 성매매를 근절할 수 없다고 하는 생각은 사실 성매매를 없앨 필요를 못 느끼는, 성매매문화를 유지시키고자 하는 강한 긍정의 표현이다. "우리 사회의 만연한 풍조는 성을 사고파는 개인들의 문제를 뛰어 넘어 사회적으로 복잡한 요인을 지니고 있다…법 시행 이전에 성매매 종사자나 구매자에 대한 일자리 마련, 혹은 성윤리에 대한 건전한 사회교육이 선행됐어야 마땅하다"는 홍사종씨의 주장은 구구절절히 옳다. 그런데 우리 사회는 하지 않았다. 왜? 법이 없었기 때문에! 아니 없앨 필요가 없었기 때문에! 법은 성매매를 없애자는 최소한의 합의사항이다. 성매매 종사자에 대한 자활교육과 일자리 마련, 사회의 편견불식 등과 구매자에 대한 철저하고 지속적인 법집행이 없이 성매매방지법의 성과를 기대할 수 없다. 이제 사문화된 윤락행위방지법의 운명과 같이 될 것이다.

이제 남은 문제는 성매매여성들의 생존 문제이다. 성매매여성들의 진정한 생존은 무엇일까? 많은 증언과 자료, 사건과 경험을 통해 우리는 성매매여성들의 비참한 종말을 알고 있다. 그래서 여성운동에서는 여성폭력 피해여성을 피해자라 하지 않고 폭력에서 살아남은 자, 폭력을 이겨낸 자라는 의미로 '생존자'라고 한다. 도덕과 윤리의 문제가 아니라 생존의 문제이다. 성매매여성들이 "개인들의 문제를 뛰어 넘어 사회적으로 복잡한 요인"으로 인해 하는 수 없이 성매매를 하게 된 것이지 자발적으로 좋아서 선택한 것이 아니다. 생존권주장은 알선업자들이 그동안 성매매여성들을 통해 착취하던 이득을 놓치지 않겠다는 발상일 뿐이다. 성매매방지법을 의혹의 눈초리로 바라보던 성매매여성들도 법이 정착되고 사회가 자신들을 지지한다는 것을 알게 되면 진정한 생존의 길을 선택할 것이라 믿는다.

우먼타임스 (2004. 10)

7장

여성이 당당하고 신나게 일하려면

전업주부의 월급은 누가 주나?

여성운동이 활발해지면서 가사노동에 대한 사회적 가치를 인정받게 되었다. 가사노동이란 여성이 집에서 노는 것이 아니라 중요한 사회적 생각의 하나라는 인식이 생기면서 가사노동의 가치를 돈으로 환산해 보기도 하고 GNP에 포함시켜야 한다는 주장도 나왔다.

전업주부란 말 그대로 가사노동이 직업인 여성을 말한다. 그래서 '가사경영인'이라는 용어를 사용하기도 한다. 가사에 관한 한 전문인이라는 뜻이다. 그러나 전업주부에게는 월급이 주어지지 않는다. 자원봉사만이 요구될 뿐이다. 남편의 월급이 모두 주부의 것인데 무슨 월급이 필요하냐고 하겠지만 엄밀히 말하면 월급은 아내의 돈이 아니라 남편이 아내에게 월급을 위탁하여 관리하게 하는 것일 뿐이다.

전업주부가 정말로 전문 가사경영인이라고 한다면 전업주부의 월급은 누가 주어야 할까? 지금처럼 가정을 사적인 공간, 개인적인 장소라고 본다면 아내의 월급은 남편이 주어야 할 것이다. 남편으로, 아내는 자발적으로 이 사적인 공간을 관리하는 일을 맡은 것이다. 남편이 이 사적인 공간을 유지하고 싶으면 당연히 그 유지비용을 부담해야 하는 것이다. 그런데 현재는 그 유지비용을 적게 하기 위하여 가사노동은 무임, 자원봉사로 해결하는 것이다.

반대로 가정과 사회가 분리된 것이 아니라 가정의 사회화, 가사노동의 사회화를 해야 한다고 주장한다면 가정도 사회의 한 부분이므로 국가가 전업주부의 월급을 지불해야 할 것이다. 여성이 일을 할 때 가장 걸림돌이 되는 것이 가사와 육아이다. 그래서 여성들은 월급이 적어도 가사와 육아를 병행할 수 있는 파트타임 노동이나 임시직의 일을 맡을 수 밖에 없게 된다. 여성들이 온전하게 일을 하자면 누군가가 그 일을 대신 해주어야만 한다. 그 일은 탁아소나 공동식당 등과 같이 사회적인 제도와 비용으로 해결하다는 것이 가사노동의 사회화이다. 많은 선진국들은 이것을 사회복지제도로서 해결하였다. 국가가 책임진다는 것은 문제를 개인이 혼자서 해결하도록 떠맡기지 않고 사회 공동의 문제로 받아 함께 고민한다는 뜻이다.

  IMF시대가 심화되면서 급격히 가정이 무너지고 있다, 가장이 개인파산하면서 아내와 아이들이 자살이란 벼랑으로 몰리고 있다. 가정의 문제를 사회가 공동책임지는 구조라면 이렇게 힘들지는 않을텐데.

인천여성의전화 회보 〈물꼬〉 32호 (1998. 5)

가정의 달에 생각하는 '모성보호'

올 7월부터 실시하기 위해 예산까지 확보되어 있는 '모성보호관련법'이 2년 후로 연기되었다. 이 법의 주요내용은 산전후 휴가기간을 60일에서 90일로 연장하고 육아휴직의 실효성을 강화하기 위한 소득보장, 임산부에 대한 태아검진 휴가 등 모성보호의 범위를 확대하고 그 비용을 사회가 부담하게 하는 것이다. 그런데 이 비용을 사회가 부담할 수 없다는 이유로 연기한 것이다.

한편, 4월 24일 세계적인 컨설팅 전문회사 매킨지와 매일경제신문이 내놓은 보고서에 의하면 우리나라가 지금처럼 2-30대 여성인력을 계속 일할 수 없게 가정에 묶어둔다면 10년 후 선진국 대열에서 탈락하게 될 것을 경고하고 있다. 보고서는 앞으로 10년간 우리나라에 390만개의 새 일자리가 생기고 98만개의 일자리가 사라질 것인데 지금 육성되고 있는 남성인력을 모두 투입한다해도 노동력은 부족하다는 것이다. 따라서 현재 54%인 대졸여성의 취업율을 90%대로 끌어올리는 획기적인 노력이 한국경제의 미래를 좌우할 것이라고 전망하고 있다.

여성들의 발을 묶는 첫번째 걸림돌은 출산과 육아이다. 한참 일하고 배우고 능력을 발휘해야 할 2-30대 여성인력의 상당수가 10년 이상 가사와 육아에 묶여 있다. 다행히 일하고 있다 해도 엄청난 양육비를 감당해야 하기 때문에 엔젤지수(수입중 양육비 비율)는 70% 대로 OECD회원국 중에 가장 높다.

이 문제를 사회적으로 해결하지 않고 여성이 개인적으로 알아서 해결해야 한다면 육아를 위하여 일을 포기하든지 일을 위하여 결혼이나 출산을 포기해야 한다. 그 선택의 결과는 이미 나타나고 있다. 독신을 선택하는 여성들이 증가하고 출산율은 급격히 낮아지고 있어 2015년을 고비로 인구가 급격히 감소될 것으로 예상된다. 인구는 중요한 경쟁력이다. 인구감소는 심각한 사회문제라는 것을 서구의 선례를 보아 알 수 있다.

출산과 육아는 사회의 생산력을 재생산해내는 중요하고도 우선적인 국가의 일이며 모성보호는 고속도로나 항만, 공항 등과 같은 중요한 사회인프라이다. 한 교수가 질타한 바와 같이 국가가 해야 할 일을 가정, 그 중에서도 여성 각자가 알아서 하게 하는 것은 야만이며 폭력이다 (이득재,『가족주의는 야만이다』). 가정의 유지는 국가의 중요한 임무가운데 하나이다.

인천여성의전화 회보 〈물꼬〉 62호 (2001. 5)

가난하고 힘이 없는 인천의 여성들

지난 7월 31일 제2차 인천여성정책기본계획 중간보고회가 있었다. 여기서 보고된 인천여성들에 관한 기초통계들은 본회가 지난 10여 년 간 활동하면서 막연하게 체감하였던 인천여성의 현실에 대해서 좀 더 분명하게 보여주고 있다. 그것은 인천의 여성들은 가난하고 힘이 없다는 것이다. 그 구체적인 현실은 이렇다.

먼저 여성가구주가 급격히 늘고 있다. 여성가구주의 비율은 5년 전만 하더라도 전국 평균에 훨씬 못미쳤으나 IMF이후 급격히 증가하여 전국 평균(18.5%)과 비슷해졌다(18.3%). 그 증가 속도(2.5배)는 전국의 증가율(1.8배)을 훨씬 앞서는 것이다.

여성가구주의 증가는 여성의 빈곤화로 이어진다. 정부로부터 공적 부조를 받는 모부자(母父子) 가정의 83.7%가 모자가정이며 국민기초생활보장을 받는 사람의 43%가 여성이다.

여성가구주가 되는 주된 이유는 '남편의 사망' 다음으로 '이혼'이 큰 자리를 차지한다. 인천은 전국에서 조이혼율(인구 천명당 이혼 건수)가 가장 높은 도시로서 전국 평균 2.8건보다도 높은 3.7건으로 조사되었다. 특히 경제문제로 인한 이혼이 IMF 시기 이후로 큰 폭으로 증가하고 있는 것을 알 수 있다(97년/4.4%, 99년/7.9%, 2001년/12.7%).

인천여성의 평균 초혼연령은 26.1세이며 평균이혼연령은 36.1세로 이혼하는 여성들의 자녀는 대개 초등학교에 다니거나 미취학일 가능성이 많다. 이런 자녀들을 데리고 이혼할 경우 자녀양육문제로 인하여 여성들은 취업하기도 어려워 월급이 적어도 임시직이나 파트타임직을 선택할 수 밖에 없게 된다. 초등학생 이하의 어린 자녀를 둔 여성취업자 178명 중 29.2%는 '집안의 친인척'을, 20.2%는 '동네의 사설 보육시설'을 이용하며, 7.3%만이 '국공립 보육시설'을 이용하는 것으로 나타났고 그밖에 학원에 다니게 하거나(26.4%), 집에 아이들끼리만 두는 경우(16.3%)도 적지 않았다. 직장과 가정을 병행하는 것이 어려워 퇴직을 고민한 적이 있는 응답자는 22.5%로 여성취업자의 1/5이상이 양육 등 가사 책임으로 인해 직장을 그만 둘 생각을 한 적이 있는 것으로 나타났다.

인천여성의 제왕절개율은 1999년 52.0%로 전국 최고의 수준이었고 2000년에는 45.0%로 2위를 차지하고 있다. 이는 최저를 기록하고 있는 광주의 2배 가까운 수치이다.

여성가구주 외에 가난한 여성들을 형성하는 주요한 계층이 노인여성(65세 이상)이다. 인천여성노인은 인천 인구의 7.5%(95,378명)이며 5년 후에는 9.1%(122,617명)로 증가할 것으로 예상되고 있다. 여성노인의 76.5%가 배우자와 사별했거나 이혼했으며, 혼자사는 여성노인도 17.8%에 이른다. 이들의 반 이상이 경제적으로 곤란하며 건강하지 못한 상태에 있으며, 거의 대부분(93.2%)이 직업이 없다.

인천시에 등록된 장애인 수는 61,476명으로 여성장애인은 전체 장애인 가운데 약 29%를 차지하고 있다. 이는 전국의 여성장애인 등록율 31.6%에 못미쳐 인천의 여성장애인의 등록율이 저조한 것을 알 수 있다. 국민기초생활보장을 받는 장애인의 56.5%는 여성이다.

인천여성들의 49.7%가 이런 저런 경제활동을 하고 있으나 여성의 취업률은 39.4%로 전국 평균 41.6%에 못미치고 있으며 이는 7개 특별시와 광역시 중에 6위에 해당하는 것이다. 많은 여성들(67.4%)이 숙박 및 음식점업에서 일하고 있으며 전체 여성근로자의 28%가 최저임금 이하에 해당하는 임금을 받고 있다. 가난한 여성들이 가난에서 벗어나기란 어려운 일이다.

  지난 지방선거에서 광역은 13.8%에서 6.9%로, 기초는 8.9%에서 5.2%로 여성의 의회진출이 현저히 감소하였다. 시의원비율은 전국 16개 시·도중 15위, 구의원비율은 4위이다. 이는 전국적으로는 소폭으로나마 꾸준히 여성의 정치진출이 증가해온 것에 역행하는 것이다(광역 5.9%→9.2%, 기초 1.6%→2.2%).

  5급 이상 여성공무원은 4.5%로 전국에서 가장 낮은 비율이며 각종 위원회 여성참여비율도 16.1%로 전국(21.8%, 서울과 경기도 27.0%)에서 가장 낮다. 여성 관련 예산 비율도 전국에서 제일 적었으며 여성 1인당 예산은 서울, 경기, 대구의 절반 수준이다.

  여교장과 여교감의 비율은 전국 평균 9.0%에 못미치는 6.4%이며 특히 여교원이 압도적인 초등학교의 경우 여교장비율은 2.9%로 서울의 20.6%에 10분의 1 수준이며 16개 시·도 가운데 11위이다.

  여성들의 힘과 능력을 키우고 발휘하게 하는 활동은 상대적으로 저조하다. 사회 활동을 전혀 하지 않는 여성들이 46.9%이며 그나마 활동하는 여성들의 주요한 사회활동은 종교활동이 대부분이다. 지역자치회나 시구의회에서 활동할 의사도 거의 없으며(89.3%), 활동하고자 하는 여성도 자원봉사단체(48.7%)나 부녀회(19.5%) 등 가사나 여성적인 분야에서 일하기를 선호하고 있다. 여성단체 회원수는 129,658명(2000년 말 현재)로 인천여성 인구의 10.61%이며 전국 여성단체 회원의 1.8%로, 여성들을 대변하고 힘을 모을 인천여성들의 조직화는 아직도 미미하다.

그러나 성별 분업, 양육책임, 경제적 역할, 성의식의 다섯 항목으로 나누어 성평등의식을 조사한 결과 여성들의 성평등의식은 높은 것으로 나타났다. 인천의 출생성비는 여아 100명당 남아 108.7명으로 전국 평균 110.2명 보다 낮아 남아선호사상이 적다.

여성폭력이 권력과 힘의 불평등에서 발생한다는 여성학적인 관점에서 본다면 가난하고 힘없는 여성들에게 폭력이 빈발할 것이라는 것을 예측할 수 있다. 가정폭력을 경험한 사람은 5.8%라고 응답하였으나 목격하거나 들어본 적이 있다고 답한 사람이 32.6%에 이르고 있고 가정폭력 발생시 신고하지 않겠다는 사람도 32.6%나 되었다.

성폭력도 비슷한 상황이다. 음란전화를 받아본 적이 있는 사람이 19.7%이며 성폭력 당한 사실이 주변에 알려지는 것이 두려워서 신고하지 안겠다는 사람이 57.5%에 이르고 있다. 성매매가 공공연하게 행해지고 있는 소위 '특정지역'이 있으며 성병정기검진 대상자는 9,033명으로 전국에서 가장 많다. 특정지역 성매매 여성들의 75%가 임신한 적이 있고 그중 83%가 임신중절수술을 받은 것으로 응답하였다.

직장여성들의 6.7%가 성희롱을 당한 적이 있으나 회사에서는 아무런 조처도 취하지 않았으며(61.9%), 성희롱예방교육도 제대로 이루어지지 않고 있다 (88.2%가 미실시).

올해중에 만들어지고 내년부터 5년간 시행될 제2차 인천여성발전기본계획에는 전국에서도 가난하고 힘없는 편에 속한 인천여성들의 현실을 극복할 수 있는 정책이 세워지기 바란다.

인천여성의전화 회보 〈물꼬〉 74호 (2002. 7·8)

아빠 뭐해?

요즘 시어머니에게 인기있는 며느리감은 직업을 갖지 않은 여성이라고 한다. 얼마전까지만 해도 맞벌이할 수 있는 여성이 일등 신부감이었지 않는가. 그 이유는 예전처럼 시부모가 손자를 봐줄 수 없기 때문이거나 봐주고 싶지 않기 때문이다. 그래서 요즘 시어머니는, 아니 친정어머니까지도 며느리 혹은 딸이 출산을 앞두고 있으면 산후조리원에 가라고 돈으로 준다고 한다.

당연하고 자연스런 여성의 몫이었던 출산과 양육이 이제 한국여성들에게는 무거운 짐이 되어 되도록 하고 싶지 않은 일이 되었다. 그 이유는 분명하다. 첫째는 출산과 양육의 책임과 비용을 여성이 홀로 감당하기 어렵기 때문이다. 둘째는 이제는 결혼과 현모양처보다는 자아실현이 여성들에게 더 중요한 가치가 되었기 때문이다.

가장 양질의 노동을 할 수 있고 발전가능성이 많고 성취욕구가 큰 젊은 여성들이 결혼과 출산 양육에 묶여 노동시장에서 낙오될 때 결혼과 출산을 거부하게 되는 것은 당연한 일이다. 또 젊은 시절을 자식을 위해 다 바쳤던 시어머니나 친정어머니들이 나이들어서까지 양육에 묶여 속박당할 수 없다고 생각하는 것은 너무나 당연하다.

최근 통계청은 우리나라 여성들이 평생 낳는 자녀수는 1인당 1.3명으로 급격히 감소하였다고 발표하였다. 이는 유럽(영국 1.6명)에 비해서도 낮은 수치라고 한다. 더 문제인 것은 감소속도가 빠른 것으로 통계청은 2010년에 가서야 1.3명이 될 것으로 예측하였다는 것이며, 10년 안에 마이너스 출생율 다시 말하면 인구감소가 시작된다는 것이다.

오래전에 보았던 연극이 생각난다. 그리이스 철학자 아리스토파네스가 쓴 희곡 '리시스트라타'의 주인공 리시스타는 전 그리이스 여성들을 선동하여 남자들이 전쟁을 그만둘 때까지 섹스를 거부하게 하였다. 결국 남자들이 손을 들고 전쟁은 끝났다. 여성들은 견디다 못해 출산을 기피하게 이르렀고 이는 어떤 여성운동보다도 더 큰 위력을 발휘하고 있다.

출산율을 높이려면 탁아소를 늘리고, 남성에게도 육아휴직을 주는 등 법과 제도로 보완하는 것에 이어 여성들의 의식이 바뀌고 있듯이 남성들의 의식도 바뀌어야 한다. 이 글의 제목으로 삼은 『아빠 뭐해?』(권복기 외 열다섯명의 아빠들 지음, 이프)란 책은 육아에 대해 책임을 느끼고 나름대로 실천을 시작한 남성들의 이야기이다. 희망은 여기에 있다.

인천여성의전화 회보 〈물꼬〉 75호 (2002. 9)

여성이여, 당당하게 재산권 확보하자

"왜 결혼하셨어요?"

주부들을 상대로 강의할 때 내가 가끔 던지는 질문이다. 이 질문을 받은 여성들의 표정은 다양하다. 뜬금없다거나 황당하다거나 어이없다거나 다 아는 걸 새삼스럽게 왜 묻느냐는 그런 표정이다. 답을 재촉하면 겨우 이렇게 대답한다.

"사랑해서요."

"정말 사랑한다는 그 이유 하나만으로 결혼했나요? 다른 의도는 없었나요?"

이쯤되면 불쾌함의 흔적이 역력해진다. 그러나 내가 보기엔 내숭을 떨고 있는 것이다. 결혼에 사랑 이외에 그 어떤 것도 개입되어서는 안 된다는 것을 잘 훈련받은, 사랑 없는 결혼은 불순하다는 것밖엔 모르는 지고지순한 여인을 연기하고 있는 내숭!

민법에서 재판상의 이혼사유가 되는 것은 크게 보아 배우자의 부정행위, 고의적인 부양회피, 부당한 대우, 3년 이상 생사불명일 경우이다. 그 밖에 혼인을 계속하기 어려운 중대한 사유로서 경제적 파탄, 정신적 파탄, 육체적 파탄의 원인을 제공했을 경우이다. 그리고 단순한 감정의 갈등(사랑이 식었다든가, 성격 차이 등), 균열 내지 대립만으로는 재판이혼할 수 없다. 이것만 보면 결혼의 목적은 경제적, 정신(정서)적, 육체적(성적)인 것임을 알 수 있다. 여기에 사회정치적인 목적을 더할 수 있다.

　나는 현대 산업화사회에서의 결혼의 가장 큰 목적은 경제적인 것이라고 본다. '(특히 남자) 혼자서는 돈을 모으지 못한다'거나 결혼은 '여자의 평생직장'이라는 말이 있다. 우선 남자는 의식주 등 생명유지에 필요한 행위에 있어 자립하지 못하고 여자의 가사노동을 제공받아야만 하고 여자는 남자에게 무보수 가사노동을 제공하는 대가로 자신의 생명유지에 필요한 자원을 얻게 된다. 나아가 시장경제는 경쟁력강화를 이유로 생산성향상에만 전념할 수 있는 노동자를 최고의 노동자로 간주한다('현대자동차' 등의 대기업은 회사가 나서서 노동자의 아내에게 전업주부 교양교육, 현모양처교육을 한다). 그래서 여성이 결혼을 하거나 임신을 하거나 출산을 하거나 육아를 해야 하거나 하면 바로 시장에서 퇴출되는 것이다. 남자가 1.5인분의 돈을 벌어와 2인의 생활을 할 수 있는 것은 여성이 2인분의 무보수 가사노동을 하기 때문에 가능한 것이다. 마지막으로 여성들의 절반 이상이 경제활동에 참여하고 있음에도 불구하고(또한 여성취업자의 24.3%가 여성가장이다) 여성은 남성의 피부양자라는 잘못된 의식의 뿌리가 너무 깊다. 사랑 때문에 결혼한다고 하는 것은 이러한 결혼의 현실을 냉정하게 보지 못하게 한다. 현대 결혼의 이러한 속성을 분명하게 인식하고 결혼하는 것이 행복한 결혼생활의 첫걸음이다.

　요즘 여성의 재산권을 보장해야 한다는 여성계의 목소리가 높다. 요지는 결혼중에 취득한 재산에 대하여 여성의 권리를 50%로 인정해야 한다는 것이다. 재산권은 참정권과 더불어 자유주의의 기본권에 속하는 것이다. 여성의전화 회원들이 〈부부재산 공동명의운동〉을 펼치면서 집의 명의를 공동명의로 하자고 했다가 대판 부부싸움을 벌여야 했다는 웃지 못할 일화가 있었다. "부부지간에 꼭 돈을 따져야 하느냐" "누구의 이름으로 되어 있든지 다 네 것 아니냐" "바람

났냐?"하는 것이 남편들의 공통된 반응이었다. 아직도 한국에서는 여성의 재산권이 기본권이라는 가장 기초적인 것조차 인정받지 못하고 있음을 실감하게 해주는 대목이다.

결혼은 혼인서약(계약)을 한 두 사람이 만들어가는 공동체이다. 어느 한쪽의 노력이 상대적으로 소홀하다면 원하는 공동체를 만들기 어려울 것이다. 전업주부이든 취업주부이든 기혼여성은 충분히, 아니 넘치도록 결혼공동체에 기여하고 있다. 따라서 결혼을 통하여 증가된 재산은 당연히 부부 공동의 것, 즉 50:50의 권리를 갖는 것이다. 이미 프랑스, 독일, 헝가리 등 여러 나라들이 이 제도를 채택하고 있다.

당당하게 나의 기본권인 재산권을 확보하자. 강의가 끝날 무렵 어느덧 수강생들의 얼굴에 숙연함과 결의가 가득찬다.

우먼타임스 (2004. 8)

일하는 여성들의 인권확립을 위하여
- 길병원에 나타난 유령을 보면서

　인천지역 최대의병원이면서 전국 4위를 자랑하는 길병원에 민주노조를 만드는 과정을 지켜보면서 분노를 참을 수 없다.

　1958년 자성의원을 거쳐 1970년 산부인과로 시작한 길병원은 전국에 7개 병원과 10개 전문센터에 3,000명의 직원, 의과대학을 비롯한 3개 대학과 신문사 1개를 거느린 대재벌로 급성장해 왔다. 인천에 살면서 어떤 일로든지 길병원의 문지방을 한번 안 밟아본 사람은 없을 것이다. 그러나 그런 길병원에 대해서 애정이나 자부심을 가지고 있는 사람은 별로 만나보지 못했다. 오히려 진료비가 너무 비싸다, 지나친 치료를 받게 했다, 불친절하다, 오진이 많다는 등의 불만과 분노를 가지고 있는 사람이 더 많다. 우리는 그저 인천에 종합병원이 한 곳밖에 없어서 그러려니 했는데 그것이 인천 주민들의 건강을 담보로 하여 일하는 사람들의 권리를 빼앗은 결과임이 이번 민주노조 건설 방해로 명명백백 드러났다.

　더구나 길병원은 산부인과로 시작하여 발전의 주축이 된 것이 산부인과요, 현재 중앙 길병원의 1,700여 직원 중 60%가 여성이며, 길병원을 그만큼 일으켜 세운 것도 한 여성이니 길병원 성장의 일등공신은 인천의 여성들이라고 해도 과언이 아니다. 수많은 여성들의 보이지 않는 힘과 이사장 자신의 능력이 보태

져서 이사장은 지금 여성계를 대표해서 북한을 공식 방문할 수 있을 만큼의 힘과 재력과 명예를 얻었다. 그런데도 인천 지역 여성들의 건강권과 길병원에서 일하는 여성노동자들의 노동권을 지킬 수 없다면 이사장은 재벌 총수는 될 수 있겠지만 여성계 대표는 될 수 없을 것이다.

지금 길병원에서는 노동자들에 대한 무자비한 폭력이 일어나고 있다. 민주노조 소식지 '희망의 길'을 보면 맥주병으로 때리기, 질질 끌고 가서 내동댕이치기, 뺨때리기, 계단에서 밀치기, 구사대를 동원하여 구타와 폭력을 행사하기 등 112에 신고해야 할 정도로 신변의 위협을 느끼는 일이 매일 일어나고 있다. 그뿐만이 아니라 연일 간부들에게 불려 들어가 회유 및 협박받기, 민주노주원들과 접촉하지 못하도록 식당에도 가지 못하게 하고 CCTV로 감시하기, 빨갱이라고 위협하기, 비상식적인 부서 이동, 계약직으로 바꾸기 등 말로 할 수 없는 정신적인 폭력을 당하고 있다. 더구나 임신 중에는 생리휴가를 가질 수 없다 하여 10일간(임신기간이 10달이므로)의 임금을 제했다고 하는 대목은 여성들의 출산을 이용한 착취라고 할 수 있다. 물론 생리휴가에 대해서 이견이 많은 것은 사실이나 현행 근로기준법 상에서 생리휴가는 여성이면 가질 권리가 있는 기본권인 것이다.

이는 바로 길병원에 입원한 환자들에게 영향을 미친다. 이런 극도의 공포 상태에서 양질의 의료서비스가 가능하겠는가? 이미 고도의 전문성을 요하는 부서인 수술실, 신생아 중환자실, 신생아실, 수술 직후의 환자를 돌보는 일반외과 병동에서 부당한 부서 이동이 시작되었다. 이 뿐만 아니라 보건복지부가 여러 차례 시정명령을 내린 바 있는 인력부족상태도 그대로여서 신생아실에는 50면의 아기를 1명의 간호사와 1명의 보조인력이 돌보고 있으며, 밤에는 간호사 1명이 6-70명의 환자를 돌보아야 한다고 한다. 4년차 이상의 간호사가 배치되고 있는 신장이식 수술환자실에는 8명의 간호사중 3명을 갑자기 이동시켜 버렸다고 한다. 이런 예는 한 두 개가 아니다(희망의 길 9월 16일자 참조). 이 정도면 우리 시민들에게도 행사되는 폭력임이 분명하다.

　해결의 길은 길병원에서 조속히 민주노조가 세워져 길병원에서 일하는 사람들뿐만 아니라 인천시민들의 입장을 대변할 수 있어야 한다. 그렇게 되기 위해서는 인천 시민들이 힘을 보태야 한다. 서명도 하고, 이사장에게 항의전화도 하고, 싸우고 있는 노조원들을 격려하자. 길병원에서 당한 부당한 사례가 있으면 시민 사회 여성단체에 신고하자. 또 언론은 침묵하지 많고 길병원 상황을 공정하게 보도해야 한다. 노동부와 인천시청, 남동구청은 방관하지 말고 시민의 입장에서 적극 대처해야 한다.

인천여성의전화 회보 〈물꼬〉 46호 (1999. 10)

남자의 교사진출 누가 막았나?

　유치원, 초·중학교에 여교사가 많은 것은 여교사는 어린아이 교육에 적합하고 고학년으로 갈수록 남교사가 적합하다는 왜곡된 성 역할론에 근거한 것이다. 여교사 비율이 아주 적었을 때도 여교사는 주로 초등학교, 그것도 주로 저학년에 몰려 있었다(60대 이상 초등학교 교사의 45.4%가 여교사다). 유치원으로 가면 더하다. 98.3%가 여교사다. 반대로 상급학교로 올라갈수록 남교사 비율이 월등히 높아진다. 인문계 고교의 남교사 비율은 70%가 넘는다. 국공립대학의 여교수는 10%에 불과하다. 간부직은 거의 남교사가 차지하고 있다. 여교장 비율은 9%에 불과하다. 그러므로 초·중학교에서 남교사 수를 확보하는 비법은 할당제가 아니라, 초·중학교 교육에서는 여교사가 적합하다는 그동안의 잘못된 성 역할론을 폐지하는 것이다.
　여교사가 너무 많아 남학생의 인지발달에 문제가 생긴다는 논리 역시 모순이다. 이 논리대로라면 과거 남교사 편중의 학교에서 교육받았던 여학생들은 남성화되어 인지발달에 문제가 생겼어야 하지만 사실은 그렇지 않다. 학교에서 고정된 성 역할만 강조해서 가르친다면 오히려 문제다. 강인함은 남교사만 가르칠 수 있고 섬세함과 부드러움은 꼭 여성이어야만 가르칠 수 있는 것은 아니다. 미국을 비롯한 대부분의 OECD국가들에서도 여교사 비율이 80~95%에 이르고 있지만 그 자체를 문제로 보지는 않는다. 글로벌 시대에는 교사가 여성이냐, 남성이냐가 중요한 것이 아니다. 교사는 나와 성이 다르다고 차별하지 않고, 나와 다른 다양한 인간을 이해하고 수용하며 더불어 살 수 있도록 돕는 이가 되어야 한다. 교육청은 교사 개개인이 가진 다양하고 창의적인 꿈과 특성들을 개발하고 성숙하고 열린 마음을 키워줄 수 있는 정책을 우선적으로 개발해야 할 것이다.

높은 여교사 비율은 오래전부터 문제가 되어, 교대에서는 이미 입학생의 25~40%를 남학생으로 선발하는 특혜 조치를 취해 왔다. 그러나 이 할당비율도 채우지 못하는 경우가 많고, 남자 졸업생의 교사 임용시험 응시율도 낮다. 합격률은 더욱 낮아 교대의 성 할당제는 초등학교 남교사 수를 늘리는 데 큰 효과를 내지 못했다는 평가를 받고 있다.

초등학교 교사직에 남성들이 매력을 덜 느끼는 것은, 초등학교 교사는 남성에게 적합한 직업이 아니라는 우리 사회의 무의식적인 편견도 큰 역할을 하고 있다고 본다. 반대로 비정규직의 70%가 여성이라는 험난한 노동시장에서 여성들에게 교사직은 절체절명의 목표가 될 수 있다. 구직시장이 더 어려워지면 여교사 편중이라는 영화(?)도 잠깐, 다시 남교사 편중의 시대가 될지도 모른다.

여성단체들도 교직 사회의 불균형적인 성비에 심각한 문제의식을 가지고 있다. 다만 서울시 교육청과 문제에 대한 이해와 해법이 다를 뿐이다. 우리 사회 대부분의 분야는 여전히 남성 일색이다. 그러니 초·중등 교원직과 같은 특정 분야의 여교사가 조금 많다고 해서 염려할 일이 전혀 아니다. 여성이 너무 많아서 남성 할당제를 꼭 해야 할 분야는 따로 있다. 가사노동 분야다. 교장·교감, 대학교수 등 남성이 편중되어 있는 여타 다른 분야의 적극적인 여성 할당제가 이루어진 후 남교사 할당제도 얘기하는 게 순서다.

조선일보 (2007. 4. 12)

8장

세계의 여성들과 손잡고

남북여성의 만남, 가깝고도 먼 길

지난 3월 10일 오전 10시 30분, 분단 이후 최초로 남북여성대표자회의가 금강산에서 열렸다. 이를 위해 우리 남측 일행 37명(기자단 5명 포함)은 9일 오전 8시 30분 광화문을 출발하여 9시간만인 오후 5시 30분 금강산호텔에 도착하였다. 남측 CIQ에서 북측 CIQ까지 15분 거리의 입북절차만을 위하여 2시간 이상이 소요되었다.

2000년 6·15공동선언 이후 남북의 정부와 민간의 교류가 활발해졌다. 여성들도 활발한 실무접촉을 벌여 2002년 금강산에서, 2005 평양에서 두차례 남북여성통일대회를 개최하였다. 2005년 대회 후 6·15공동선언실천 남측위원회 여성본부(54개 단체)는 남북여성통일운동의 성과를 공고히 하고 구체적 실천을 추진하기 위해 남북여성대표자회의를 제안했다. 그리고 2006년 2월 18일 북측으로부터 회신이 와서 극적으로 성사된 것이다.

금강산에 도착해서도 실무협상팀은 북측과 함께 밤을 새워 발제문과 토론문, 그리고 호소문의 내용을 검토해야만 했다. 대표자회의도 예정된 10시에서 30분 연기되었다. 회의가 무산되는 것이 아닌가 긴장하였다. 그러나 북측 대표 30명이 한복을 입고 금강산호텔 로비에 나타나자 긴장과 서먹함은 일순간에 사라졌다.

회의는 북측 여성본부 김경옥 부위원장과 남측 한국염 공동대표의 동시사회로 진행되었다. 먼저 양측 대표의 연설이 있었다. 북측 박순희 위원장은 6·15공동선언 이후 여성통일운동이 비약적으로 발전했으며, 남북의 여성들이 통일운동의 주역이 되고 있음을 치하하고 민족자주, 반전평화, 민족대단결의 통일운동 3대 원칙을 더욱 살려 통일운동에 매진하자고 역설했다.

이어서 정현백 남측 상임대표는 2005년 활동에 대해 남측위원회 여성본부가 결성된 것과 3차례의 행사를 통해 남북여성의 통일의지를 국제사회에 보여준 것, 2005년 8·15민족공동행사에서 일본 군국주의 부활을 경계하는 공동의 입장을 확인한 것을 성과로 평가했다. 특히 남측은 여성본부를 통해 서로에 대해서 그리고 서로의 차이를 이해하고, 마음으로, 과정으로의 통일을 먼저 경험하였다고 평가했다. 그러나 전쟁의 위협이 상존하고 있으므로 반전평화를 위하여 우리 민족끼리 단결하는 한편 우리 삶에 바탕한 구체적인 평화운동을 벌여야 하며 통일운동 과정에 여성이 주도적으로 참여해야 하는 과제가 남아 있다고 주장했다.

토론에 나선 김숙임 남측 공동대표는 "2006 여성통일운동의 실천적 과제"로 다음의 5개항을 제안하였다. 1) 통일의 과정을 체계적으로 설계하기 위하여 남북여성대표자회의가 정례화, 상설화 되어야 한다. 2) 남북여성통일행사를 지속적으로 추진하자. 3) 남북여성간의 교류방식을 다양하게 모색하고 여성만의 통일문화를 개발하자. 4) 평화체제 정착을 위해 여성의 눈으로 평화의제를 개발하자. 5) 정책능력을 강화하고 대중의 참여를 확대시키자.

북측의 김인옥 위원은 민족자주의식과 자존심을 잃지 말자. 통일애국의 가정, 민족의 존엄을 살리는 가족이 되자, 심장과 심장을 합쳐 위대한 하나를 만들자, 위대한 통일의 주체를 만들자는 요지의 토론을 하였다.

마지막으로 북측의 이동희 위원, 남측의 조순태 공동대표가 1) 분단은 민족 고통의 원인임을 재확인한다. 2) 반전평화통일실현에서 여성들의 힘을 남김없이 떨쳐내자. 3) 여성단체들의 단합으로 여성들의 목소리를 높이자. 4) 해결하지 못한 과거사, 일본군 위안부, 일제잔재 청산을 위해 앞장서자는 요지의 호소문을 공동낭독하였다. 대표자회의는 호소문을 채택하고 1시간 남짓한 회의를 폐회하였다. 대표자회의 후 남북의 대표단은 오찬과 만찬을 함께하고 삼일포 관광을 하면서 친목을 다졌다.

이번 대표자회의는 내용상의 성과보다도 대규모 상봉모임이 아닌 말 그대로 대표자회의라는 데 의의가 있다고 본다. 이제 실질적인 성과를 얻으려면 김숙임 대표의 제안대로 대표자회의를 정례화해야 할 것이다. 북측에서 긍정적으로 응답하기를 기대한다.

6·15공동선언 실천을 위한 남북여성대표자회의 참관기
여성신문 (2006. 3)

미국의 여성운동 현장을 다녀와서

저는 지난 10월 7일부터 11월 5일까지 '여성의 평등증진과 NGO의 역할'이란 주제로 미국 국무성의 초청을 받아 지은희 한국여성단체연합 상임대표와 함께 미국의 7개 도시를 방문하여 여성단체와 NGO, 쉼터, 여성정책관련 정부기구, 대학의 여성학과나 연구소, 여성정치인, 한인여성단체 등 60여 기관과 100여명의 사람들을 만날 수 있는 귀한 경험을 가졌습니다. 미국 여성운동의 전모를 파악하기는 어려웠지만 짧은 감상을 나누고자 합니다.

미국의 여성운동은 여행 도중 만난 한 한국여성이 절규했듯이 미국의 여성운동은 중산층 백인 여성들의 운동으로서 참정권획득이라는 자신들의 목적을 이루자 모두 안주해 버리고 대다수 여성들의 문제를 해결하기 위한 공동의 노력은 거의 없는 것처럼 보였습니다. 대신 시장경제 논리에 따라 개인의 능력과 자유로 문제를 해결하고 있었습니다.

예를 들어 우리는 여성단체가 오랫동안 노력한 끝에 산전산후 90일 휴가를 확보하여 모든 여성들이 공유할 수 있게 하였습니다. 그러나 미국의 고용주는 고급인력을 얻기 위해 좋은 근로조건을 제시할 뿐이고 여성들은 개인적인 실력을 키워 고용주와 계약조건을 유리하게 하는 것으로 해결하는 것입니다.

실제 대학이나 여성관련 기관의 많은 프로그램들이 엘리트 여성들을 키우는

데 집중되어 있어 유능한 여성은 더욱 발전할 수 있는 제도와 기회가 많았습니다. 그러나 이민 온 사람이나 흑인, 평범하거나 가난한 여성, 소수민족 등은 그들이 즐겨 쓰는 말대로 '유리천장'에 부딪쳐 더 이상 위로 올라갈 수 없습니다. 정치에 있어서도 미국은 여성이라 하여 차별하지는 않지만 정치세력화 지수를 보면 15-6%로, 유럽이 할당제를 도입하여 30%를 훨씬 넘어서고 있는 것과 비교됩니다. 개인의 자유보장이라는 가치에 숨겨진 그늘이라 할 수 있을 것 같습니다.

가정폭력의 문제도 미국은 1994년에 국가적인 문제로 인식하여 법무부에 '반여성폭력국'을 설치하고 전국적인 긴급전화(hotline)를 운영하는 한편 전국의 쉼터에 전폭적인 재정지원을 하고 있었습니다. 이는 분명 여성운동의 성과입니다. 그러나 운영을 맡고 있는 여성NGO들은 여성주의 의식은 분명했지만 여성운동가라는 정체성보다는 사회복지서비스를 제공하는 전문가라는 의식이 더 강했습니다.

이렇게 보면 미국은 보호를 필요로 하는 여성들과 유능한 여성에 대한 지원은 확실합니다. 지역여성운동과 여성대중들의 발전에 관심을 가지고 있는 저로서는 여성들이 스스로 자신의 문제를 함께 해결하고 발전해나가는 모델을 만나보고 싶었지만 단 한 곳밖에 볼 수 없었던 것이 아쉬웠습니다. 이 중간층 여성들이 앞으로 여성운동의 중심세력이며 희망이라고 보기 때문입니다. 아마 미국 여성운동이 휴면기에 있는 것도 이와 무관하지 않은 것 같습니다.

마지막으로 이번 방문을 통해서 해외의 한인사회의 여성문제에 대해 우리 여성단체들이 관심 갖고 연대해야 할 새로운 영역이라는 점을 더욱 분명히 인식할 수 있었습니다. 한국인은 미구사회 전역에 광범위하게 퍼져 살고 있었습니다. 그러나 분명히 인식할 수 있었습니다. 이민의 문제까지 겹쳐 이민사회의 여성에 대한 폭력은 생각 이상으로 심각했으나 외부에 잘 알려져 있지 않고 해결방법조차 간단하지 않았습니다.

  미국의 여성운동 현장을 보면서 미국이 주도하는 세계화의 격랑을 헤쳐 가야 할 우리 여성운동의 미래에 대해서 성찰해볼 기회가 되었습니다. 특히 상담과 쉼터 등 여성복지 서비스를 많이 담당해온 여성의전화는 운동의 방향에 대해서 진지한 고민과 선택의 시점에 서있음을 실감했습니다. 세계를 보면서 우리의 것을 버리거나 고집하지 않고 세계와 함께 할 수 있는 여성운동을 만들어 가는 것이 우리의 새로운 과제가 될 것입니다.

인천여성의전화 회보 〈물꼬〉 67호 (2001. 11)

제4차 동아시아 여성포럼에 다녀와서

지난 9월 4일부터 7일까지 대만의 타이베이에서 동아시아 7개국(한국, 일본, 대만, 홍콩, 몽골리아, 러시아, 티벳)의 여성 350여명이 참가한 가운데 '새 세기 새 여성(New century New women)'이란 주제를 가지고 동아시아 여성포럼이 개최되었다. 한국에서는 56명이 참가하였고 여성의전화에서는 신혜수 상임대표와 이재희 공동대표 그리고 인천에서 본인과 최박미란 사무국장 등 4명이 참가하였다.

동아시아여성포럼은 북경 세계여성대회 이후 동아시아의 NGO 여성들의 결속을 다지고 실천과제를 함께 점검하는 회의로서 2년에 한번씩 열리는데 일본, 한국, 몽골리아에 이어 올해는 대만에서 주최하였으며 다음에는 2003년 홍콩에서 다시 만나기로 하였다. 그러나 중국, 대만, 티켓 의 정치적 상황 때문에 대만과 티벳의 참석가능성에 대해 모두 염려하였다.

포럼은 각국의 여성문제와 여성운동의 현황이 보고된 뒤 개발/인권/교육/문화/가정/폭력/건강/환경/정책결정/청년 등 8의 분과로 나누어 발제와 토론으로 운영되었고 마지막 날 결의문과 행동과제가 채택되었다. 결의문에는 티벳과 북한여성들의 인권문제에 대한 관심이 언급되었다.

저녁시간에는 여성내무부장관이 주최하는 환영만찬과 각국의 소개를 겸한

'문화의 밤'이 이어졌다. 개회식에서는 여성 부총통이, 폐회식에서는 장애우인 퍼스트 레이디의 추사가 있었다. '문화의 밤'에 한국참가자들은 통일과 북한여성들의 참석을 기원하면서 '우리의 소원'을 합창하였다.

특별히 소개하고 싶은 것은 대만과 티벳의 보고이다. 대만은 천수이벤 정부가 입각한 후 여성들의 정치참여가 두드러졌다. 부총통 2명 가운데 한 명이 여성이며 여성 부총통을 포함하여 내각의 25% 10명이 여성운동이 앞서있는 것에 비해 정치세력화 부분은 세계 최하위여서 부끄럽기 그지없다.

티벳에서는 망명한 난민들의 여성단체에서 2명이 참가하였는데 너무나 어려운 정치 경제적 상황 때문에 국제회의에 참가하기가 어렵다고 하였다. 티벳은 중국의 침공 이후 여성들에 대한 폭력이 심각해졌다. 즉 처녀가 아니면 취직이 안되며 처녀확인작업을 한다고 한다. 취직 후 임신이 되면 5년 간의 월급에 해당하는 벌금을 물어야 한다고 한다. 여성들은 선택의 여지없이 낙태를 해야 하는데 의료해택을 받을 수 없다고 한다.

여성들의 상황은 극에서 극이다. 생존의 위협 속에 살아가는 티벳 여성들의 여성운동은 우리와 다를 수밖에 없다. 단순한 동정이 아닌 함께 할 수 있는 구체적 실천과제를 모색해야 할 것이다. 다음 5차 포럼에는 정치적 한계를 극복하고 북한과 티벳, 중국과 대만의 여성들이 한자리에 모일 수 있기를 바란다.

인천여성의전화 회보 〈물꼬〉 55호 (2000. 9)

글로벌 여성리더십을 키우자

여성의전화가 글로벌 여성리더십에 관심갖게 된 것은 국제결혼을 통해 한국에 온 아시아여성들의 인권현실을 목격하고부터이다. 이주여성들이 가난 때문에 하루 맞선만으로, 그도 아니면 사진 한 장보고 말도 안통하는 남자와 결혼을 해서 모국과 가족을 떠나 낯선 한국에 홀로 와서 온갖 차별과 폭력을 당하는 것을 보고 여성인권을 다시 생각하게 된 것이다.

그동안 한국의 여성운동은 자타가 공인하는 성과를 일구어냈다. 그래도 우리는 아직도 부족하다고 생각해왔다. 그러나 이주여성들을 보면서 여성들의 문제가 다 같지 않다는 것을 알았다. 같은 여성문제라도 나라마다 다르며, 문제의 우선순위도 다르다는 것을 알았다. 우리는 그들을 보호와 교육이 필요한 '소외된 여성'으로, 경제적, 문화적 우월감과 민족차별의식을 슬쩍 감추고 우리와는 다른 여성으로 바라보았던 것이다. 그들의 생활과 생각, 가치, 문화, 역사에 대해서는 관심도 갖지 않고 한국에서 사는 방법을 가르치기에만 관심갖는 선교사였다는 것을 알게 된 것은 우리가 그들의 나라에 가보고서야 가능했다. 지난 달에 베트남을 방문했던 3명의 활동가들은 "이제야 우리가 무엇을 해야 하는지 알게 되었다. 그들이 왜 한국에 올 수 밖에 없는지에 대해서 깊이 생각해야 한다"고 자성하게 되었다.

이주여성문제에서 보듯이 이제 여성문제는 한 나라만의 문제가 아니다. 지역의 문제가 곧 세계의 문제이며 세계의 변화가 곧 나에게 영향을 미친다. 세계화 시대는 민족과 국가의 문제를 한 국가 안에서 해결하기 어렵게 만들고 있으며 또한 국가의 해결 능력도 약화되었다. 그래서 시민사회의 역할이 기대되고 있다. 국가의 이익은 충돌해도 시민사회가 연대하면 해결할 수 있으리라는 희망을 가지고 있다.

현대사속에서 한국 시민사회는 강력하게 성장하여 글로벌 시민리더십의 무한한 가능성을 지니고 있으며 이제 그 가능성에 주목하기 시작했다. 한 예로 한국 시민운동단체들이 글로벌 리더십 육성을 목적으로 필리핀에 세운 아시아센타는 활동가들이라면 모두가 가고 싶어하는 유토피아가 되었다. 그러나 대부분의 여성단체들은 활동가를 파견하지 못하고 있다. 활동가는 체류비를 자부담해야 하고, 단체로서는 6개월간의 연수기간의 공백을 채워줄 대체활동가를 확보하기 어렵기 때문이다.

이런 상황에서 여성활동가들이 글로벌 리더십을 키울 기회는 더욱 제한적일 수밖에 없다. 그동안 국제연대는 영어를 잘하는 사람들이 국제회의에 가는 것이라는 선입견을 가지고 있었고, 최저생계비에도 못미치는 박봉에, 강도 높은 업무, 가사와 양육, 운동의 병립 등으로 재충전과 자기개발은 꿈도 꿀 수 없는 환경이다. 게다가 글로벌 리더십은 단기간에 얻어지는 것은 아니다. 외국의 여성들도 오게 하고 단기 방문이 아닌 6개월, 1년 이상 체류하며 친밀감을 쌓고 깊이 이해하는 등 관계맺기에 지속적으로 투자해야 한다.

지난 여름 여성의전화는 여성재단의 지원으로 베트남, 중국, 몽골 3개국에 10명의 활동가를 10일간 파견하여 글로벌 리더십을 훈련하였다. 그 성과는 기대 이상이었다. 이런 교류 프로그램이 많아져서 한국의 시민사회, 여성들이 활동역량을 한단계 강화하여 세계시민사회의 중심동력으로 성장하기를 바란다.

한국여성재단 회보 〈딸들에게 희망을〉 (2006)

당신멋져

초판 1쇄 발행 ｜ 2012년 1월 10일

지은이 ｜ 박인혜
펴낸이 ｜ 박상율
펴낸곳 ｜ 형성사
주소 ｜ 서울시 마포구 신수동 448-6 한국출판협동조합 448-6
전화 ｜ 02-714-4594
팩스 ｜ 02-713-4476
등록 ｜ 제10-133호(1979. 2. 6)

정가: 10,000원

ⓒ박인혜
ISBN 978-89-7346-136-3 (03810)